DES RICHESSES

CRÉÉES PAR

L'INDUSTRIE ET LES ARTS,

PAR

ÉMILE DE BROUWER,

MEMBRE DE LA CHAMBRE DE COMMERCE D'OSTENDE.

Bruges,

IMPRIMERIE D'ALPHONSE BOGAERT,

RUE PHILIPSTOCK.

1849.

PRÉFACE.

Les questions qui se rattachent directement à l'intérêt matériel, sont incontestablement dignes de l'étude, non seulement des hommes qui sont appelés à présider aux destinées d'une nation, mais encore de ceux qui, se livrant à l'Industrie, prennent une part active et directe à la création des richesses.

En livrant cet ouvrage au public, je n'ai point la prétention de lui offrir une œuvre complète d'économie politique. Je préviens le lecteur, que mon livre a uniquement rapport au développement des principes généraux de la production des richesses par l'Industrie et les Arts.

Quoique je ne me fasse aucune illusion sur l'imperfection de mon ouvrage, j'ai cependant l'espoir que les doctrines que je professe, d'accord en plusieurs points avec l'opinion des hommes qui ont le plus contribué au développement des saines théories, pourront jeter quelque jour sur la science, et convaincre le lecteur de la justesse de ces principes immuables, sur lesquels doit reposer la politique industrielle et commerciale de tout Gouvernement, qui tient à favoriser l'élan productif du peuple.

Les circonstances favorables ou contraires à la production, ainsi que l'esprit et les considérations générales qui doivent présider à la conclusion des traités de commerce internationaux, formeront un ouvrage spécial que je me propose de publier incessamment.

Ostende, Novembre 1849.

INTRODUCTION.

Les connaissances humaines ne font des progrès que lorsque la vérité, après avoir traversé et renversé les systèmes erronés, est venue déterminer le point de départ de la Science, et le champ où doivent s'étendre ses investigations. Les recherches, d'abord appuyées sur une opinion fausse, n'ont pu avoir qu'un résultat mensonger, dont l'erreur s'est développée en raison de leur marche progressive, comme les rayons qui, partant d'un centre, s'écartent davantage, à mesure qu'ils se prolongent.

Mais il est dans l'ordre naturel des choses, que l'on n'atteigne la vérité qu'en passant par l'erreur. L'esprit humain n'est point assez perspicace pour distinguer, de prime abord, ce qui est vrai de ce qui n'est que vraisemblable. Avant qu'un fait aitété irrévocablement admis, il a fallu que la Science expérimentale vînt confirmer en touts points la Science descriptive; ceci explique les progrès naturellement lents des connaissances humaines.

Durant combien de siècles n'a-t-on pas fait voyager le soleil? tandis que cet astre immobile regardait noblement cette petite terre qui lui attribuait des courses aussi extravagantes que prodigieuses.

Il semble assez naturel que celui qui, le premier, a voulu expliquer le système du monde, voyant le soleil se lever à l'Orient et se coucher à l'Occident, ait cru ce grand flambeau de l'univers assujetti à un mouvement continuel; mais il n'en est pas moins vrai, que toutes les théories qui ont surgi, en s'appuyant sur ce point de départ absurde, n'ont mené qu'à des conclusions absurdes. Il a fallu que Copernic vînt apprendre à la terre étonnée, qu'elle tourne, et que le soleil, au contraire, est paisible spectateur de ses révolutions journalières. Cette vérité, une fois confirmée, par les choses qui arrivent, l'astronomie avait trouvé son point d'appui, l'éclat de la vérité éclipsa les utopies, et les fondements de la Science furent jetés sur un terrain solide. Galilée, Descartes et Newton, travaillant successivement à la même œuvre, édifièrent, au bout de deux siècles et demi, le système du monde.

Mais, si les fausses théories qui embarrassent les premiers pas de la Science, en retardent, pendant quelque temps, les progrès, elles ont cependant cela de bon, que, venant combattre dans l'arène scientifique, elles rendent, en succombant, la vérité plus éclatante; de même que les ténèbres rendent plus incontestable la propriété luisante du phosphore.

Les erreurs qui ont précédé l'établissement inébranlable de la Science, en faisant surgir les discussions dont la vérité est sortie triomphante, ont eu leur côté utile. Si Descartes, qui imprima une impulsion si remarquable aux mathémathiques, en appliquant l'algèbre à la géométrie, n'avait, en astronomie, créé son système des tourbillons, Newton n'eût pas eu occasion de le discuter, de le combattre et d'y substituer ses découvertes dont le temps et l'expérience ont attesté la justesse.

L'économie politique a eu, comme toutes les Sciences, ses systèmes basés sur des préjugés. Le système prohibitif, qui trouve encore des partisans, se fonde sur le principe évidemment faux, que les uns ne gagnent que ce que les autres perdent; ou en d'autres termes : qu'une nation est nécessairement dupe de l'autre. Le système prohibitif, disons-nous, a fait surgir les conclusions les plus absurdes dont se ressentent presque tous les traités de commerce. Il semble que des deux côtés l'esprit de subtilité ait été l'essence de ces contrats internationaux; qu'une partie ait voulu duper l'autre. De là, il est résulté, le plus souvent, que personne n'y a gagné, que le jeu diplomatique a eu, pour tout résultat, *une partie remise*.

Le système prohibitif, a, comme touts ceux qui s'appuyent sur l'erreur, retardé les progrès de la Science. Mais battu et détrôné il ne fait que rehausser l'éclat de la vérité de théories plus logiques.

L'économie politique, longtemps confondue avec la politique proprement dite, est restée entourée de ténèbres, jusqu'au moment où Adam Smith vint, vers le milieu du siècle passé, en jeter les fondements, et lui assigner une place parmi les connaissances humaines.

L'économie politique enseigne comment se forment, se distribuent et se consomment les richesses. Elle a, comme toute Science, ses principes fondamentaux. La démonstration de ces principes, en ce qui concerne la création des richesses, par l'Industrie et les Arts, est le but que nous nous proposons d'atteindre.

CHAPITRE PREMIER.

Définition de l'Industrie. — Produits,

Indépendamment de l'eau, de l'air, de la lumière, du soleil, dont le Créateur a gratifié l'homme, celui-ci trouve dans la masse des matières dont se compose le monde, dans les propriétés inhérentes à ces matières, de quoi pourvoir à touts ses besoins. En travaillant le sol, il lui fait produire les aliments nécessaires à l'entretien de son existence; en creusant dans les entrailles de la terre, il en extrait les minéraux, il les sépare, il les mélange, il les façonne; il les approprie à ses besoins, à ses goûts, à ses fantaisies.

Ces grandes nappes d'eau qui lient entre elles les extrémités de la terre, ces fleuves qui la sillonnent facilitent les moyens de transport; mais bientôt ces gigantesques créations de la nature ne suffisent plus. Le génie de l'homme crée des canaux, des routes; il devient en quelque sorte un deuxième Créateur. Non-seulement son travail approprie à ses besoins les objets que la nature ne lui a pas livrés tout préparés, mais il va porter au loin ceux qu'il a en abondance, les échange contre d'autres que la nature a refusés aux lieux qu'il habite.

Qu'il nous soit permis d'appeler *Industrie*, ce travail continuel de l'homme, auquel il doit les choses dont la nature n'a pas fait touts les frais.

C'est à l'Industrie que la société doit d'être pourvue non seulement des choses qui lui sont strictement nécessaires, mais encore de cette infinité d'objets, dont, à la rigueur, elle pourrait se passer, mais qui lui assurent ce confortable que l'on trouve chez les peuples civilisés.

On appelle *Produits* les choses créées par l'Industrie.

CHAPITRE II.

Ce que l'on entend par Richesses.

Les choses n'ont de valeur qu'autant qu'elles sont utiles; et l'on ne donne, en économie politique, le nom de *richesses*, qu'à celles qui, ayant une valeur échangeable, sont la propriété exclusive de leurs possesseurs. Telles sont les terres, les céréales, les maisons, les métaux, les marchandises en général; en un mot, toutes les choses qui ont une utilité, quelque petite qu'elle soit, une valeur quelconque transmissible.

Il résulte de cette définition, que les biens que la nature accorde gratuitement, tels que l'eau, l'air, la lumière du soleil, ne peuvent être réputés richesses. Puisqu'ils sont à la disposition de tous, ils ne sont la propriété exclusive de personne.

Les richesses étant des choses échangeables en raison de leur utilité, l'on en conclut, qu'il y aura production de richesse, chaque fois que l'homme aura, par son Industrie, créé un produit, donné de l'utilité à une chose, ou bien qu'il aura augmenté cette utilité.

De même que la somme des valeurs de toutes les choses échangeables, appartenant à un individu, représente sa richesse, de même, la somme de toutes les richesses des individus appartenants à la même nation, représente la richesse de la nation. Nous ajouterons comme corollaire, que la nation qui saura augmenter ses moyens de production sera en voie de prospérité; celle au contraire qui les négligera, marchera vers la décadence, ou restera tout au moins stationnaire.

CHAPITRE III.

Origine des diverses Industries. — Nécessité de l'échange.

Si chaque homme devait se procurer à lui-même les choses dont il a besoin, s'il était obligé de pourvoir à ses alimens, à son gîte, à son habillement, le temps de sa vie ne lui suffirait point : il serait misérable. Personne ne possède toutes les facultés qu'il faut pour se créer, par soi-même, toutes choses; nul n'est apte à tous les genres de travaux. Dans sa sagesse, le Créateur a présidé à la distribution des facultés, nulle part il ne s'est résumé en un seul homme. Il a donné à celui-ci, l'instinct de telle production, à celui-là, d'autres penchants, d'autres désirs, à cet autre l'adresse qui le rend propre à d'autres travaux. De là, les divers genres d'occupations auxquelles les hommes se livrent; delà, l'origine de toutes ces Industries qui président à la production des choses qui nous sont nécessaires. Pendant que les uns s'adonnent à la culture du sol, les autres s'occupent de l'extraction des métaux, d'autres de la confection des vêtements, d'autres enfin, utilisent leurs bras à la production de cette infinité de choses dont disposent les peuples civilisés.

L'homme, consacrant ainsi tout son temps à la production d'une seule et même chose, tout à la fois à la portée de ses forces et de son intelligence, il en produit beaucoup au-delà de ses propres besoins; mais, se trouvant dénué de toutes les autres qui lui sont indispensables, il éprouve la nécessité d'échanger son superflu contre cette foule d'objets dont il manque. Cette nécessité étant générale, l'échange des produits devient naturel, et éminemment utile à tous.

De même que la nature n'a pas donné à l'homme la faculté de tout créer, d'être en quelque sorte universel, de même elle n'a pas voulu que la terre portât indistinctement touts les fruits. Les produits du sol varient. Les récoltes de l'Europe diffèrent de celles de l'Asie. Les climats chauds des tropiques produisent des denrées que l'homme ne saurait récolter dans les climats froids et brumeux des pays du Nord. C'est ce qui prouve que le besoin de l'échange est universel.

CHAPITRE IV.

Définition de la valeur réelle. — Nécessité de la création d'une valeur d'échange. — Origine de la monnaie.

La valeur d'une chose est vague, indéterminée, variable. Elle se fixe par l'évaluation contradictoire qu'en font des intérêts opposés. Le possesseur ne saurait, à lui seul, l'arrêter. Mais elle se détermine par l'échange; et les choses que d'autres consentent à donner pour l'acquérir, constituent momentanément la mesure de sa valeur.

Mais tous les produits n'ont pas coûté les mêmes peines, les mêmes efforts. Les uns résument en eux le travail de plusieurs industries, d'autres sont l'ouvrage d'un petit nombre d'individus; les uns sont, par leur nature, d'un usage immédiat, leur utilité se perd instantanément; les autres rendent des services plus durables, se consomment lentement, satisfont plus longtemps nos besoins; les uns sont rares, les autres abondent : touts enfin, ont une valeur, des propriétés différentes. Ajoutons, que l'homme, dans ses échanges, consulte ses ressources, ses besoins, ses goûts, ses caprices, ses passions même, toutes choses indistinctement ne lui conviennent pas. L'échange en nature, le troc d'objets pour objets, hérissé de difficultés, est, sinon impossible, du moins peu praticable.

La nécessité a dû incontestablement porter les hommes, dès les premiers jours de la société, à choisir une marchandise de circulation, divisible en parties égales, d'une consommation générale, convenant à touts, pour servir d'instrument d'échange. La nature de cette marchandise a pu varier selon les productions, les goûts, les mœurs et le degré de civilisation des contrées. Il est probable que dans les temps agrestes de la société, le grain, et le bétail ont été les signes représentatifs de la valeur des choses. En effet, Homère rapporte que l'armure de Diomède coùtait neuf bœufs, tandis que celle de Glaucus en coûtait cent.

De nos jours, les peuplades sauvages de l'Afrique paraissent encore opérer leurs échanges en nature. C'est ainsi que les spéculateurs européens et américains qui trafiquent sur les côtes de Guinée, acquièrent, en échange de perles, d'armes, de poudre, de diverses autres marchandises connues sous la dénomination de *merceries*, leurs cargaisons de retour, composées ordinairement de dents d'éléphant, d'huiles, d'arachides, de poudre d'or, etc.

En Abyssinie, le sel paraît avoir été longtemps le moyen d'échange, comme la morue salée, à Terre-Neuve; le sucre dans plusieurs colonies. Mais toutes ces matières, sujettes à l'altération par l'action de l'air, se déplaçant difficilement et devant nécessairement être consommées dans un temps plus ou moins rapproché, ne remplissaient qu'imparfaitement le but.

Les métaux, au contraire, moins sujets à la détérioration, plus transportables, mieux divisibles en parties égales, pouvant être appropriés à la confection d'une quantité innombrable de choses indispensables et utiles, ont dû, de bonne heure, fixer l'attention des peuples, comme étant les instruments les plus propres à la mesure des valeurs.

Aussi, l'usage des métaux, comme agents de l'échange, se perd-il dans la nuit des temps. Joseph fut vendu par ses frères à raison de vingt pièces d'argent (environ 1600 ans avant J.-C.). Ephrom céda à Abraham son champ de Machpelah, et reçut en échange le poids de quatre cents sicles d'argent. L'histoire nous apprend que le fer fut l'agent ordinaire du commerce chez les Spartiates; le cuivre, celui des anciens Romains.

Mais, touts les métaux ne jouissent pas des mêmes propriétés; les uns étant, par leur nature, sujets à une occidation facile, sont moins propres à certains usages; les autres plus rares; d'autres possèdent des propriétés inhérentes qui les rendent indispensables dans certaines opérations chimiques.

Au fur et à mesure de la civilisation, l'homme, pénétrant plus avant dans les secrets de la nature, a su découvrir ces propriétés; il les a comparées entre elles et a établi cette classification de la valeur des métaux, dont la connaissance est si générale aujourd'hui, qu'elle n'échappe pas, même à l'être le plus ignorant de la société actuelle.

L'or et l'argent sont devenus ainsi les principaux signes représentatifs de la valeur des denrées.

On comprend, qu'une fois l'usage des métaux introduit dans les mœurs des peuples, comme instruments du commerce, les échanges ont dû s'opérer avec moins de difficultés.

L'usage de battre monnaie est venu enfin porter la dernière main à l'œuvre. Les pièces d'or et d'argent, monnayées sous les yeux de l'autorité, portant avec elles l'empreinte de leur poids, de leur titre, de leur valeur, écartant, par leur nature même, toute suspicion de fraude dans le poids et la pureté du métal, rendent l'échange des produits on ne peut plus facile.

L'usage des monnaies est donc une conséquence de l'emploi des métaux comme instruments d'échange. D'après Pline, Servius Tullius, (577 ans avant J.-C.) fit le premier battre monnaie à Rome, le même auteur rapporte que les Romains n'eurent, pendant longtemps, d'autre monnaie que celle de cuivre ; qu'ils firent battre la première monnaie d'argent, cinq ans avant la première guerre punique.

L'utilité, la nécessité même du numéraire est donc incontestable. La monnaie, en facilitant l'échange, favorise la production ; répandue dans les innombrables rouages de l'industrie, elle y produit le même effet que l'huile dans le mouvement des machines. Cependant nous tomberions dans une grande erreur, si nous lui attribuions plus de vertu qu'elle n'en possède ; nous ne pouvons accorder à la monnaie d'autre mérite que celui d'être plus propre que toute autre marchandise à l'évaluation des choses, et nous remarquerons, en passant, que la valeur n'en est pas fixe, que l'abondance la fait baisser, comme la rareté l'augmente; qu'elle est, en un mot, comme toute autre denrée, sujette à de fréquentes fluctuations.

On appelle *prix* la valeur d'un objet évaluée en argent.

CHAPITRE V.

Des différentes sortes d'Industrie.

Nous avons dit que l'industrie crée cette infinité de choses indispensables et utiles, nous allons, dans ce chapitre, faire la classification des diverses industries de l'homme, afin d'examiner comment chacune d'elles participe au phénomène de la production.

Quoique le nombre des industries soit illimité, nous en formons trois grandes subdivisions qui renferment en elles toutes les industries particulières.

L'industrie agricole ou l'agriculture, est celle qui cultive les terres, qui nous procure les végétaux, les minéraux et en général toutes les matières que la nature fournit à l'état brut.

L'industrie manufacturière sépare, mélange, façonne les matières; elle les approprie à nos besoins.

L'industrie commerciale transporte les produits des deux autres industries, où le besoin s'en fait sentir.

Nous considérons, comme des ramifications de l'agriculture, l'industrie du pêcheur et celle des mines. Un membre de la chambre des représentants de Belgique l'honorable M. Dumortier a dit, que la pêche est l'agriculture de la mer, cette dénomination nous semble aussi heureuse que vraie. Les économistes jusqu'à présent ne se sont pas assez attachés à constater toute l'importance de cette intéressante industrie. Nous verrons, dans un ouvrage qui traitera exclusive ment des circonstances favorables ou contraires à la production des richesses, combien cette branche de l'industrie nautique est digne de toute la sollicitude de l'homme d'état; nous tâcherons de démontrer, en temps et lieu, comment elle est d'une nécessité absolue, pour les pays qui, comme l'Angleterre, la France, la Belgique et la Hollande, font de l'industrie commerciale, de l'industrie des mers, une des branches essentielles de leurs productions.

Après avoir partagé l'industrie en général, en trois grandes subdivisions : l'agriculture, l'industrie manufacturière et l'industrie commerciale, nous allons examiner comment chacune d'elles, contribue séparément à l'œuvre de la production; nous verrons ensuite le concours qu'elles se prêtent mutuellement dans le phénomène de la création de cette infinité de produits dont dispose l'espèce humaine.

CHAPITRE VI.

De l'industrie agricole.

Ainsi que nous l'avons dit, l'industrie agricole cultive la terre, en récolte les produits. Nous devons au travail du cultivateur cette masse de végétaux si impérieusement nécessaires à l'entretien de notre vie.

Les économistes de touts les temps, de toutes les opinions, sont d'accord quant aux facultés productives de cette industrie ; s'ils diffèrent sur d'autres points, ici, au moins, leurs opinions se confondent. Et en effet, le concours de l'agriculture dans la création des richesses est si palpable, que l'on pourrait, se passant de tout commentaire, l'admettre comme axiome. Le cultivateur qui sème un grain de blé, combinant son travail avec celui des agents naturels, la terre, l'eau, l'air, le soleil, fait naître cet épi qui lui rend au centuple son grain sacrifié. Le produit brut de son industrie peut être considéré comme lui rendant cent fois et plus, la valeur de son premier sacrifice.

Le forestier qui plante un gland, dispose d'un chêne, au bout d'un certain nombre d'années, et comme la valeur de cet arbre est incomparablement supérieure à celle du gland, il se crée, avec le temps, une valeur qui viendra augmenter la somme de ses richesses ; il aura, ainsi que le cultivateur, combiné son travail, avec le travail si puissant des agents naturels, dont il dispose, comme tout le monde, sans aucun frais, sans aucun effort.

Il semblerait au premier abord que l'agriculture fût chose facile, à la portée de la plus mesquine intelligence. Il n'en est pas ainsi. L'agriculture exige non seulement les bras de l'homme, mais elle réclame l'expérience, les études de l'agronome. La terre produit en rapport de la bonne ou de la mauvaise culture. Quoiqu'opérant par elle-même, d'après les propriétés qui lui sont assignées par la nature, sa puissance peut être accrue; et les salutaires effets des agents, augmentés par les connaissances humaines.

En effet, toutes les terres ne contiennent pas en quantité suffisante, les substances qu'exige une production abondante; quelques-unes de ces substances sont absorbées, elles disparaissent dans l'œuvre de la reproduction. C'est pour ce motif, que le sol exige toujours un amendement différent, un engrais en concordance avec ses besoins.

L'agriculture réclame, autant que toute autre industrie, le puissant concours des observations des chimistes et des savants qui, plus initiés que l'homme ordinaire, dans les secrets de la nature, et doués ordinairement d'un jugement plus rationnel, puisqu'il est fondé sur la science, rendent aux hommes pratiques les services les plus signalés.

L'agriculture, en Belgique, est exploitée par la classe peu instruite du pays. Elle jouit, malgré cela, d'une réputation justement méritée, mais elle la doit, moins à la fertilité du sol, moins à la science théorique, qu'à cette expérience cumulée des siècles, que le cultivateur en mourant, laisse, en héritage, à ses enfants. Elle la doit surtout, à ces soins extrêmes que le cultivateur belge prodigue à ses champs, à la grande économie qui préside à toutes ses actions, à son pénible et continuel travail : nous dirons même, à la sueur dont il arrose son champ.

Le gouvernement belge a parfaitement compris tout le bien qu'il ferait à l'agriculture, en adjoignant la science à ces dispositions si heureuses du cultivateur. Il s'est occupé de la création de fermes-modèles, de l'établissement de comités d'agriculture, de l'exposition de produits agricoles, de la création de bibliothèques rurales, de la publication d'ouvrages périodiques exclusivement destinés à rendre compte des séances et des discussions des comités agricoles, aussi bien que des innovations survenues, dans le pays, et même à l'étranger.

Si l'Angleterre est plus avancée que tout autre pays en fait d'agriculture, elle le doit à l'instruction, aux connaissances théoriques que possède le cultivateur. Elle le doit à ce que cette industrie y est exploitée par des hommes d'une condition meilleure que celle des cultivateurs du continent ; par des hommes de fortune et de science.

Dans plusieurs contrées, notamment dans celles du Nord de l'Europe et de l'Amérique, l'élève du bétail est une conséquence de l'agriculture. Le cultivateur ne saurait se passer de chevaux, de vaches, de moutons, de porcs, de cette diversité d'animaux que l'on voit bondir dans les prés des fermes. Il applique la force du cheval au travail de la charrue, au transport de ses denrées; la vache, lui donne le lait, le mouton, la laine; le porc, animal vorace, qui semble avoir reçu de la nature la mission de dévorer les déchets, les fanes et généralement tout ce qui répugne aux autres animaux, lui procure, à peu de frais, une substance nutritive.

Tous ces animaux fournissent au cultivateur cet indispensable et précieux engrais que l'on pourrait, à juste titre, nommer la nourriture de la terre.

Indépendamment de ces avantages, le cultivateur trouve dans la production naturelle de l'élève et de l'engraissement du bétail, une nouvelle et très-importante source de richesses.

L'élève du bétail constitue, d'après ce que l'on vient de voir, une partie très-remarquable de l'industrie agricole; nous ajouterons que cette volaille que l'on voit dans les basses-cours, ces colombes que l'on entend roucouler sur les toits de nos habitations rustiques, concourent, dans certaines limites, à la création des richesses : en effet, ces animaux se nourissant, pour ainsi dire, du grain perdu, échappé aux soins les plus minutieux, coûtent peu pour leur entretien tandis que, doués généralement d'une fécondité extraordinaire, ils se multiplient comme par enchantement.

Le commerce de la volaille, des œufs, des lapins a pris un développement trop important, surtout dans les départements septentrionaux de la France, en Angleterre, en Belgique en Hollande et dans beaucoup d'autres pays, pour qu'il nous soit permis de passer sous silence la part que l'élève de ces animaux prend dans les richesses créées par l'industrie agricole.

Comme toutes les terres, touts les climats, ne se prêtent pas à la production de toute chose, il s'en suit que l'agriculture diffère essenticllement quant à son exploitation et quant à la nature de scs produits. Cependant, nous avons tenu à signaler *l'élève du bétail*, parceque, quoique exploité sur des échelles bien différentes, mais en harmonie avec les ressources qu'offrent les contrées, il est, pour ainsi dire, général, surtout en Europe et en Amérique.

Nous considérons encore comme étant du domaine de l'agriculture, l'industrie du mineur; elle nous procure le fer, la houille et d'autres matières analogues qui jouent un rôle très-important dans l'industrie en général et qui, ensevelies, ignorées dans les entrailles de la terre, seraient pour nous, sans utilité, sans valeur.

Parmi les ramifications de l'industrie agricole, nous remarquons cette belle horticulture qui occupe un rang si distingué parmi les industries de luxe de la société moderne; non seulement ses produits frappent agréablement nos sens, mais ils inspirent à l'homme des sentiments d'admiration et de reconnaissance envers son créateur : ils ont le double mérite d'être à la fois agréables et utiles.

En resumé, l'agriculture concourt à la production des richesses en nous procurant, non de nouvelles matières ; (il n'est donné à personne d'en créer.) mais en transformant les matières en produits, qui sont pour nous d'une nécessité de touts les jours.

CHAPITRE VII.

De l'industrie manufacturière. — Erreur de quelques économistes quant à leur opinion sur la production de l'industrie manufacturière. — Effets de la concurrence du commerce honnête. — Ceux de la concurrence qui fraude et altère les produits.

L'industrie manufacturière sépare, mélange et façonne les produits de la nature, elle les approprie à nos besoins.

L'agriculture ne livre que rarement ses produits entièrement appropriés aux besoins de l'homme; le grain, passe des mains du cultivateur dans celles du meûnier; converti en farine, il acquiert une valeur supplémentaire qui s'accroit par la manipulation que lui fait subir le boulanger. Le lin, le coton, la laine, la soie passent par une infinité de mains, subissent plusieurs transformations, avant d'arriver à l'état d'étoffes. Convertis en vêtements, en objets quelconques que réclament nos besoins, ces produits de l'agriculture ont acquis, successivement, une augmentation de valeur à mesure qu'ils ont passé par les mains du fileur, du tisserand, du blanchisseur, du teinturier, du tailleur ou de la couturière.

Le fer laissé dans le sein de la terre, n'est dans cet état d'aucune utilité, sa valeur pour nous est nulle; mais, mis à notre portée par le travail du mineur, il acquiert un certain prix qui s'accroît à mesure que l'industrie manufacturière le façonne, le transforme en instruments aratoires, en outils de touts genres.

Ce même raisonnement, applicable à toutes les matières utiles que nous donne la nature, à touts les produits de l'agriculture, démontre l'importance de l'industrie manufacturière dans l'œuvre de la production des richesses.

Quelques économistes ont avancé que la concurrence que se font entre eux les manufacturiers, ne leur permet pas d'élever le prix de leurs produits, de manière à en retirer à l'échange une valeur supplémentaire dépassant les besoins de leur propre consommation; que dès lors la production de l'industrie manufacturière se trouve balancée par sa consommation. Nous objecterons à cela, que l'artisan, le fabricant, l'ouvrier, ne sont soumis à aucun régime; leur consommation n'est pas arrêtée, ils sont, comme tout le monde, parfaitement libres d'augmenter ou de restreindre leurs dépenses. Certes, il en est dont la consommation absorbe la production, nous admettons même qu'il y en ait qui consomment, pendant un certain temps, plus qu'ils ne produisent; cet état, du reste anormal, ne saurait durer; mais, nous soutenons également que beaucoup produisent plus qu'ils ne consomment. Les faits viennent ici corroborer notre opinion. En effet, ne voyons-nous pas des manufacturiers, des artisans, des ouvriers même, prospérer, améliorer leur position par leur travail, par leur économie? Mais l'opinion de ces économistes, fût-elle pleinement vérifiée, ne ferait que confirmer la production de l'industrie manufacturière. En raisonnant dans cette hypothèse, l'augmentation de valeur qui constitue le bénéfice du fabricant et de ses ouvriers, quoique consommée par eux et leurs familles, n'en aurait pas moins été réellement produite. Supposons — un cordonnier recevant une somme de fr. 40 en échange de ses produits de la semaine, admettons qu'il utilise une partie de cette somme, soit fr. 25, à payer son marchand de cuir, et qu'il remette le restant, soit fr. 15, en acquittement de la consommation faite, pendant ce temps, par lui et sa famille; n'est-il pas clair, que son industrie a fait acquérir à la matière première qu'elle a convertie en chaussures, une valeur supplémentaire de fr. 15. Ce cordonnier, il est vrai, n'a pas amélioré sa position; mais, si au lieu d'avoir consommé toute la valeur supplémentaire qu'il a acquise, il n'eût dépensé que fr. 10, il est évident que, dans ce cas, il eût augmenté son capital de la somme de fr. 5.

La concurrence tend, en effet, à réduire la valeur échangeable des matières fabriquées; mais tous les produits, en général, sont soumis à son influence: l'agriculture, comme l'industrie commerciale, comme toutes les industries possibles en subissent les lois. Elle réduit les choses à leur véritable valeur, valeur que le monopole exagère au profit des producteurs, mais au détriment des consommateurs qui forment la masse.

Nous verrons plus tard quels sont les divers intérêts mis en jeu, dans tout genre de production; et nous reconnaîtrons qu'une industrie n'a de chance de durée, qu'autant que la valeur supplémentaire qu'elle ajoute à la matière, remplisse les exigences de ces divers intérêts. La concurrence tend à fixer les prix des denrées dans les limites de ces exigences, mais son influence, en temps ordinaire, s'arrête là, son action a ses bornes comme toutes choses. Elle meurt en les franchissant.

Nous voyons, il est vrai, des produits tellement dépréciés, que leur valeur échangeable ne couvre pas même les frais de la production. Cet effet peut avoir plusieurs causes : il peut être la suite d'une production démesurée, ou bien provenir de l'accumulation, sur un même point, d'un produit qui exige une consommation prompte; mais, comme en définitive, une industrie n'est viable qu'autant qu'elle assure à l'exploitant, au moins les moyens de subsistance, ces cas ne peuvent être considérés que comme des anomalies; cette production trop forte, cette accumulation doit évidemment cesser, et la trop grande concurrence finir avec elle.

Un autre genre de concurrence trouve sa source dans les travers de l'espèce humaine. En effet, il y a des industriels, exerçant le même état, qni se laissant dominer, un moment, par leurs passions, se font une concurrence acharnée, se livrent de ces batailles où l'argent remplace la poudre et le boulet et où, à intelligence égale, le champ de bataille doit rester à celui qui dispose du dernier franc. Mais cet état de haine, de surexcitation, qui coûte cher, ne dure pas chez l'homme : son égoïsme, que l'emportement a pu faire taire pour un moment, vient reprendre sa place, le dominer comme à l'ordinaire : on a beau chasser le naturel, il revient au galop. Cette concurrence n'est donc que fictive, elle ne saurait se maintenir, elle n'a pas de position.

Nous entendons parler ici de la concurrence du commerce honnête, que l'on fait en plein jour; cette autre concurrence qui fraude, qui altère les produits, les frelate, qui, en même temps, ruine l'honnête industriel et trompe le consommateur, celle-là est pernicieuse, les effets en sont destructifs; ils tendent à enlever, à la véritable et loyale industrie manufacturière, toute la part qu'elle prend dans le phénomène de la production des richesses; elle est à la fois la lèpre de la société industrielle, et le fléau de tout le monde; elle se donne comme contre-poids de la production, et toujours elle est voleuse, empoisonneuse et ennemie de la société en général. M. Jobard, ce savant directeur du musée belge, qui, dans ses spirituels écrits, la flétrit, la pourchasse, avec toute l'ardeur et tout le courage du chasseur qui poursuit une hyène, n'est pas encore parvenu, malgré la ténacité qui le caractérise, à obtenir de la législation une disposition de nature à atténuer, tout au moins, les ravages de cette terrible ennemie.

La concurrence de l'industrie honnête ne peut donc avoir les conséquences que lui attribuent quelques économistes et sur lesquelles ils basent l'opinion que le manufacturier, le négociant, vivent aux dépens des cultivateurs, qu'ils ne peuvent rien ajouter à la masse commune des richesses. Au fait, chaque industriel ne vit-il pas des profits qu'il fait sur la valeur qu'il donne ou qu'il ajoute aux choses? Ou, en d'autres termes, chaque travailleur ne dispose-t-il pas du produit net de son industrie, et la somme de ces produits nets, ne représente-t-elle pas le produit brut, la totalité de toutes les valeurs créées, dont la société se trouve enrichie?

Remarquons que les besoins de l'homme ne se bornent pas à la seule possession des matières nutritives, des matières brutes; ils s'étendent, assez généralement, en proportion de sa fortune, de ses ressources. Il n'est point d'homme, quelque pauvre qu'il puisse être, qui ne sente, au moins, le besoin de se vêtir. Nous avons vu des pauvres, abimés par le faim, tomber d'inanition, mais nous n'en avons jamais rencontré qui ne fussent plus ou moins vêtus: preuve évidente, que le besoin de se prémunir contre les intempéries de l'air, surpasse encore celui de l'alimentation intérieure. Nous ne comprenons donc pas, pour quel motif, le travail de celui qui vêt, serait moins utile et par conséquent moins doué de qualités productives, que l'industrie de celui qui nourrit.

Il est des nations qui occupent, eu égard à leur population, un espace trop peu étendu, pour qu'il leur soit possible de se procurer, par leur agriculture, toutes les céréales dontelles ont besoin. Nous les voyons avoir recours à d'autres peuples possédant un sol plus étendu, acheter ce qui leur manque en fait de denrées alimentaires. La nation belge, par exemple, à laquelle on ne contestera pas l'activité, l'intelligence, et les autres qualités qui caractérisent un peuple industriel, puisqu'elle marche en première ligne parmi les nations de travailleurs, la Belgique, disons-nous, malgré le degré de perfectionnement acquis à son agriculture, ne produit pas assez de céréales pour sa consommation. Elle en achette annuellement, à la Russie, à d'autres contrées, des quantités assez considérables, qu'elle paie, si on le veut, en espèces; mais elle tient ces espèces de la vente de ses machines, du produit de ses manufactures, de ses fabricats, qu'elle fournit à d'autres peuples qu'elle alimente à son tour. Ainsi, quand la Belgique échange ses produits, ou son argent qui représente la valeur de ses produits réalisés, contre les céréales de la Russie, on est fondé à dire, que ce n'est pas plus la Russie qui salarie la Belgique que ce n'est la Belgique qui salarie la Russie; les valeurs créées par l'une sont-elles moins réelles que celles créées par l'autre ?

Nous remarquons, que les peuples chez lesquels l'industrie manufacturière et le commerce dominent, sont assez généralement mieux pourvus, plus riches, que ceux qui s'adonnent essentiellement à l'industrie agricole : ces faits avérés viennent, en quelque sorte, corroborer notre opinion.

Le canton de Genève est, sous le rapport de la fertilité du sol, un des plus pauvres de la Suisse, et cependant les Génevois vivent dans l'aisance. Leur grande industrie leur procure même l'abondance. Les céréales que leur sol ne produit pas en quantité suffisante, ils se les procurent par l'échange de leurs produits manufacturés, de leurs montres surtout, que l'on rencontre dans tous les pays du monde et dont la main-d'œuvre constitue la principale valeur.

Il est donc vrai que les peuples qui, par des causes quelconques, se livrent plus essentiellement à l'industrie manufacturière, trouvent dans l'échange de leurs produits, les moyens d'acquérir ceux que la nature leur a refusés en quantité suffisante.

En effet, l'horloger de Genève ne trouve-t-il pas dans la vente de ses montres, les moyens de se procurer le grain et les autres céréales qui lui manquent? ne sommes-nous pas fondés en disant que son industrie a, pour lui, les mêmes conséquences, que s'il fabriquait lui-même des céréales, s'il nous était permis de nous exprimer ainsi?

Il est même rationnel d'admettre, que l'intérêt du Génevois exige qu'il s'approvisionne de denrées agricoles; qu'il fabrique et qu'il échange ses produits manufacturés contre les céréales du cultivateur russe, plutôt que de tenter de parvenir à la possession de ces denrées par des moyens directs, en prodiguant son temps et ses capitaux, dont il peut disposer plus avantageusement, à la culture d'un sol ingrat et trop resserré. Nous pensons de même que le moyen le moins dispendieux, pour le cultivateur Russe, de se procurer une montre, consiste à cultiver ses champs et à employer une partie de la réalisation de ses produits à l'acquisition de l'instrument en question.

Ce raisonnement, appliqué à la question de la production des sucres, nous fait présumer qu'il se pourrait que la Belgique eût plus d'intérêt à semer du lin, à fabriquer de la toile, à échanger, aux colonies, ses produits manufacturés contre du sucre, qu'à cultiver la betterave, dans le but d'en extraire les parties saccharines. C'est là, du reste, une question qui est en dehors du cercle que nous nous sommes tracé en écrivant cet ouvrage, et que nous examinerons lorsque nous passerons en revue les circonstances favorables ou contraires à la production des richesses.

CHAPITRE VIII.

De l'Industrie commerciale. — Erreur de quelques économistes, qui contestent à l'Industrie commerciale ses qualités productives. — Conséquences de fausses doctrines en matière de production.

La terre ne produit pas indistinctement et partout les mêmes fruits; aucune nation du monde n'a le pouvoir de créer chez elle, par sa propre industrie, toutes les choses qu'elle consomme. La nature, en distribuant ses faveurs, semble avoir assigné à chaque nation, à chaque individu même, sa tâche dans le grand travail de la production.

En effet, nous voyons les nations assises sur le fer, la houille, le marbre, s'adonner naturellement à la minéralogie, à l'industrie manufacturière; d'autres, vivant au milieu de pleines fertiles, faire de l'agriculture leur industrie principale; d'autres, habitant des côtes poissonneuses, s'adonner à la pêche; nous voyons enfin des populations habitant les côtes d'une mer dont l'eau est chargée de sel, vivant sous un soleil ardent, profiter de ces avantages naturels et produire, avec facilité, d'énormes quantités de cet indispensable alcali. Mais nulle part, nous trouvons un peuple civilisé, quelque favorisé qu'il soit, fût-il le plus laborieux, le plus industriel du monde, posséder, par lui-même, par son agriculture, par son industrie manufacturière, tous les produits que réclament ses besoins.

L'échange entre les peuples, comme entre les habitants d'un pays, d'une localité même, est donc indispensable, éminemment utile.

C'est l'industrie commerciale qui opère les échanges, qui transporte les produits des uns et des autres ; elle ajoute à leur valeur, en leur faisant acquérir, plus d'utilité par le déplacement. Elle forme ainsi la troisième grande branche de la production des richesses.

C'est l'industrie commerciale qui porte aux Indes les toiles, les draps, cette infinité de tissus, cette masse de produits du vieux monde ; c'est elle qui nous rapporte le thé, le café, cette variété d'aromates, dont l'usage est si répandu, si général ; c'est elle, enfin, qui vient déposer à la porte de nos ateliers ces sucres, ces cuirs, ces cotons, ces teintures, ces innombrables matières premières que notre industrie transforme en nouveaux produits.

Plusieurs économistes du dernier siècle, n'admettaient, parmi les industries productives, que celles qui nous procurent de nouvelles matières ; telle que l'industrie du cultivateur, celle du mineur, celle du pêcheur. Mais, remarquons que les matières n'ont de prix qu'autant qu'elles sont utiles. Quelle valeur aurait le fer, si l'industrie manufacturière ne s'en emparait, ne le retirait de son état brut, ne venait lui donner une utilité que seule, par son puissant concours elle peut lui faire acquérir ? Quelle serait encore la valeur du lin, si l'industrie manufacturière n'avait en son pouvoir les moyens de le transformer en fil, en toile? Ces matières, dépourvues de toute utilité, seraient comme si elles n'existaient pas : le fer resterait enseveli dans les entrailles de la terre, et le lin, cette belle et riche production de l'agriculture, disparaîtrait, cesserait d'être l'ornement de nos campagnes.

Que l'on admette, chose du reste absurde, que la fabrication du fil de coton, du calicot soit généralement interdite; quelle serait, dans cette hypothèse, la valeur du coton brut? évidemment, que cette matière subirait une dépréciation telle, que la culture en serait abandonnée.

La matière n'ayant de valeur qu'en raison de son utilité, nous en concluons, qu'il y aura augmentation de valeur, production de richesse, chaque fois que l'industrie la rendra plus utile. Nous ajouterons, qu'une matière n'aura toute la valeur qu'elle est susceptible d'acquérir, que, lorsque, réunissant toutes les qualités nécessaires qu'exige le genre de consommation à laquelle elle est destinée, elle se trouvera en présence du consommateur. C'est par ces raisons, qu'un quintal de café a plus de valeur, pour nous, dans le magasin de l'épicier de l'Europe, que dans celui du planteur du Brésil.

L'industrie commerciale peut être comparée à une de ces ramifications de l'industrie manufacturière, qui, en appliquant la dernière main à un objet, lui donne toute la valeur qu'il est susceptible d'acquérir. Une meule à écraser le grain représente une valeur en vue du service qu'elle peut être appelée à rendre; mais, elle n'aura acquis toute son utilité, par conséquent toute sa valeur, que, lorsque, prête à fonctionner, elle se trouvera convenablement placée dans le moulin, par l'industrie de l'ajusteur. De même, ces diverses denrées, ces matières premières que l'Europe ne produit pas, ont, à cause de leur utilité, une valeur déterminée par l'échange sur les lieux de production; mais l'industrie commerciale les ayant transportées dans les magasins du consommateur, du manufacturier européen, elles ont acquis, pour ces derniers, toute la valeur qu'elles sont susceptibles d'acquérir; l'industrie commerciale leur a, en quelque sorte, donné le dernier poli.

Concluons donc, que l'industrie commerciale ajoute à la valeur des choses, non pas en créant de nouvelles matières, non pas en les travaillant, mais en les rapprochant du consommateur. Elle produit comme l'industrie de la pêche, qui ne crée pas le poisson qu'elle retire de l'eau où il est sans utilité, mais qui, en le mettant à la disposition du consommateur, lui fait acquérir une valeur positive, bien qu'il n'ait subi aucune transformation.

Nous en dirons autant de l'industrie du mineur, elle ne crée pas le fer, la houille, le marbre. Ces matières existent dans la nature; mais ensevelies dans la terre, elles ne sont pas utiles, amenées à la surface du sol, elles n'ont pas changé de nature, cependant, dans cette dernière position, elles deviennent utiles, par la seule raison qu'elles se trouvent à la portée du consommateur.

L'industrie commerciale, la pêche, et l'industrie du mineur, produisent donc, à peu près, d'une manière analogue; elles ne créent pas, elles ne changent rien à la nature proprement dite des choses, mais elles ajoutent à leur valeur par le déplacement, en faisant passer les matières de l'état d'inutilité à celui d'utilité.

Le pouvoir productif de l'industrie commerciale, une fois bien établi, il est logique d'admettre, que les travaux du commerçant en gros, du détaillant, de l'armateur, du marin, du voiturier, de l'expéditeur, du courtier, de leurs commis et de leurs ouvriers, sont doués de qualités productives, puisque les efforts de touts, tendent à rapprocher les denrées, du consommateur.

Plusieurs économistes du dix-huitième siècle ont contesté les qualités productives de l'industrie manufacturière et de l'industrie commerciale. Leurs théories, quoique évidemment erronées, ont, cependant, fait surgir les mesures les plus extravagantes. Nous avons vu des nations prohiber la monnaie à l'exportation, sous prétexte que la sortie du numéraire appauvrissait le pays. Mais nous le demandons, ces conséquences sont-elles à redouter? Ne devons-nous pas considérer l'exportation de la monnaie comme celle de toute autre marchandise? n'avons-nous pas la conviction, que l'argent exporté, reparaît sous d'autres formes plus avantageuses et qu'il reparaîtra même, sous sa forme primitive, dès que le besoin s'en fera sentir: ne sentons-nous pas, que sa rareté, non plus que celle de tout autre objet commerçable, ne saurait se prolonger?

Une des conséquences de la rareté de l'argent est nécessairement sa cherté, ou, en d'autres termes, la dépréciation de toutes les autres marchandises. Cette considération nous fera comprendre que l'état de gêne qui accompagne les crises financières ne peut durer, que la force même des choses y met fin, sans que l'autorité y intervienne, par la raison, que toute denrée dont le besoin se fait impérieusement sentir, sur une place quelconque, finit généralement par y abonder, lorsqu'aucune considération de force majeure ne met obstacle à la libre circulation.

Nous citerons, à l'appui de ce que nous venons de dire, un exemple tout récent. Une crise financière très-prononcée, succèda, en 1847, à la famine qui avait décimé les populations du Nord-Ouest de l'Europe. Les achats importans de denrées alimentaires que l'on s'était vu forcé de conclure en Russie et en Amérique avaient rendu l'argent fort rare. Les travaux de plusieurs lignes de chemins de fer, alors en voie de construction, vinrent encore compliquer la situation. L'industrie fut, un moment, aux abois; les marchandises étaient dépréciées. La banque d'Angleterre avait porté à 8 et même à 10 pour cent, le taux de l'intérêt. L'argent se trouvait en abondance dans les coffres de la Russie, et aux Etats-Unis et servait, peut-être, à payer la solde de l'armée que le général Scott conduisait alors à la conquête du Mexique. Mais, à cette crise, succéda l'abondance du numéraire et il ne pouvait en être autrement. L'argent ayant plus de valeur à Londres qu'à St-Pétersbourg et à Washington, revint nécessairement. Non seulement la crise cessa, mais l'argent devint si abondant, que le taux de l'intérêt baissa successivement et permit à la banque d'Angleterre, d'escompter à deux pour cent.

Certes, l'abondance du numéraire est favorable à la production, et nous voudrions, pour plusieurs motifs, que nous développerons en temps et lieu, voir solder, en produits manufacturés, nos achats à l'étranger. Mais nous sommes aussi d'avis que toute disposition prohibitive, dans le but de prévenir le mal résultant des crises, que des circonstances imprévues rendent parfois inévitables, sont plutôt nuisibles qu'utiles, le remède s'il en existait un, serait pire que le mal.

Nous signalerons, entre autres conséquences, qu'ont suggérées certaines théories, l'idéale convenance de remplacer touts les impôts, par un seul, à prélever sur les terres, dans la persuasion qu'on atteindrait ainsi toutes les valeurs produites.

Nous voyons donc, combien est intéressante, la connaissance du mécanisme qui préside à la création des richesses; combien ces questions délicates méritent d'être profondément étudiées, par les personnes éminentes qui sont appelées à gouverner les états, si elles tiennent à répartir les charges d'une manière juste et équitable. Les Théories erronées conduisent nécessairement aux conclusions les plus absurdes. C'est ainsi que nous avons souvent entendu exprimer l'opinion que les uns ne s'enrichissent que de ce que les autres perdent, ce raisonnement ne pourrait être applicable qu'à une société composée de voleurs. Il est clair, que si Robert escamote la bourse de Bertrand, ce premier s'enrichit au détriment du dernier; mais dans une société de travailleurs honnêtes, dans une société où le travail utile constitue la richesse, ce raisonnement n'est qu'une monstruosité. Prenons un exemple: L'ouvrier qui aura transformé en fourchette, un morceau de fer, pour lequel il aura déboursé 5 centimes, qui l'aura vendu sous cette forme 55 centimes, aura, évidemment gagné par son travail, un demi-franc. Mais nous le demandons, où est la dupe, est-ce l'acheteur? Non. Il a acquis la propriété d'un objet très-utile, en échange de ses 55 centimes; il est loin de se croire volé; il n'a été, pendant la transaction, sous l'influence d'aucune force majeure, il a probablement débattu le marché et il s'est retiré content, possesseur d'un objet dont l'utilité équivaut pour lui à l'argent dont il s'est dessaisi. Il est vrai, qu'il eût pu, à la rigueur, se passer de la fourchette, garder dans son gousset ses 55 centimes et faire, de sa main, l'usage que l'on fait ordinairement de l'objet de ménage précité, chose du reste peu usitée et fort incommode, à laquelle l'acquéreur a voulu se soustraire en faisant son emplette.

CHAPITRE IX.

Des services mutuels et intimes que se rendent l'agriculture, l'industrie manufacturière et l'industrie commerciale.

Nous avons vu que l'agriculture, l'industrie manufacturière et l'industrie commerciale, constituent les grandes artères de la production. L'appui qu'elles se prêtent dans la création des richesses est si mutuel, leur participation est, dans bien des cas, si intime qu'il devient impossible de préciser la part de coopération qui revient à chacune d'elles.

En effet, en disposant des matières premières que produit l'agriculture, l'industrie manufacturière procure à la première ses charrues, ses herses, ses pelles, ses véhicules, cette variété d'outils que réclame impérieusement la culture des champs. C'est l'industrie commerciale qui va au loin chercher ce précieux engrais, déposé depuis des siècles, sur les rochers de l'Océan pacifique, ce *guano* qui, gisant sans utilité, sur des rives désertes, vient, en quelque sorte, régénérer notre sol, en doubler la puissance productive. Exemple frappant de la production de l'industrie commerciale. N'estcep-as cette même industrie qui, venant en aide à l'agriculture, amène de la Baltique la graine qui renferme en elle le germe de ce beau lin, dont la fleur bleue doit bientôt couronner nos campagnes? N'est-ce pas cette même industrie, qui transporte et écoule les produits de ses deux sœurs? Semblable à une de ces artères qui, partant du cœur, distribuent par une infinité de ramifications, l'alimentation dans les muscles de l'homme, le commerce, partant des foyers de production, porte et disperse dans le monde, les produits de l'agriculteur et du manufacturier. A son tour l'agriculture procure au commerce le bois, le fer, le cuivre, le lin, le chanvre, que l'industrie manufacturière transforme en navires, en véhicules de touts genres.

Nous voyons donc clairement que l'industrie manufacturière et l'industrie commerciale contribuent à la création des valeurs agricoles, et nous avons raison de dire, qu'une partie de ces valeurs est évidemment due à la coopération des puissants auxiliaires de l'agriculture.

CHAPITRE X.

Du capital productif. — Capital productif fixe, capital productif roulant. — Conséquences des lois vicieuses en matière d'industrie.

Indépendamment de ses charrues, de ses herses, de touts ses autres instruments aratoires, le cultivateur possède des chevaux, un bétail, des étables, des granges, une habitation, des provisions pour lui et sa famille, de l'engrais, des semences etc.

Le mineur a ses pelles, ses pioches. Le pêcheur serait réduit à l'inactivité, s'il n'avait à sa disposition une barque, des filets, des lignes, ses ustensiles de pêche et ses provisions de bord.

Le manufacturier dispose d'ateliers, de magasins, de métiers, de matières premières, de marchandises fabriquées et en fabrication.

Le négociant a des denrées; l'armateur des navires; le voiturier des chariots, des chevaux, des harnais.

Il n'est pas d'industriel, d'artisan qui n'éprouve le besoin d'être convenablement outillé; le plus petit cordonnier a son tire-pied comme le plus petit tailleur, ses aiguilles, son fil, ses ciseaux. Ajoutons que le cultivateur n'exécute pas par lui même, et de ses propres mains, les travaux indispensables qu'exigent la culture du sol et la récolte des produits. Il a des aides, auxquels il paie un salaire en vertu des services qu'ils rendent. De même, le manufacturier, le commerçant ont à leur solde des contre-maîtres, des ouvriers, des commis; touts, en un mot, se trouvent dans la nécessité de faire, pendant la période de la production, certaines avances en espèces qui ne leur sont remboursées, que lors de la réalisation de leurs denrées. Il est donc indispensable qu'ils aient, en leur possession, une certaine quantité de numéraire proportionnée à l'importance de leur exploitation.

On appelle *capital productif*, la valeur totale de toutes les choses que nécessite l'entreprise d'une industrie quelconque. Nous ferons, en passant, la remarque, que la monnaie qui fait partie intégrante de ce capital, n'en constitue, le plus souvent, que la partie la moins importante. L'argent est indispensable dans certaines limites; il doit être considéré comme un outil nécessaire, mais la surabondance devient inutile. De même que le cultivateur éclairé proportionne le nombre de ses charrues à l'importance des terres qu'il laboure, de même l'étendue de son numéraire est déterminée par les avances forcées, pendant la période de la production.

Le capital productif du propriétaire d'immeubles, du rentier, est représenté par la valeur de ses bâtiments, de ses terres, de ses titres de rentes, il ne garde en caisse que l'argent nécessaire à ses besoins journaliers, il dispose du reste, en acquérant de nouvelles propriétés, de nouvelles rentes.

Nous constaterons encore, que, plus l'exploitation d'une industrie est grande, colossale, moins la somme du numéraire a d'importance, comparée à celle des autres parties constituantes du capital productif.

Nous voyons donc, que le numéraire peut être regardé comme appoint dans l'évaluation de la richesse, tant des industriels que des propriétaires et des rentiers. Concluons-en qu'il serait absurde de croire, que le capital d'une nation, qui n'est autre chose que le total des capitaux particuliers et de ceux qui appartiennent à touts, fût représenté par le numéraire qu'elle possède.

En considérant attentivement les différentes parties intégrantes du capital productif, nous remarquons qu'elles sont susceptibles d'être divisées en deux catégories, les unes ne subissent point de transformation, conservent leurs formes, n'éprouvent d'autre altération que celle de l'usé ou du temps : tels sont les ateliers, les magasins, les métiers, les mécaniques, les outils en général; d'autres changent de forme, de nature, se consomment, se vendent: telles sont les matières premières, les semences, la monnaie, les récoltes, le bétail, autre que celui destiné au labour. Nous appellerons la valeur des premières, *le capital productif fixe*, celle des dernières, *le capital productif roulant.*

Remarquons que le capital productif fixe d'un industriel, a une destination définitive; ses métiers, ses outils ont des formes particulières, qui les rendent propres à la production d'un produit déterminé et dont la façon, la main-d'œuvre constituent la valeur principale, laquelle ne lui est remboursée qu'à la longue.

Concluons en, que le capital fixe ne peut être détourné de sa destination primitive, sans subir une dépréciation considérable.

Le capital productif roulant, au contraire, subit des transformations continuelles, les matières premières sont changées en produits; les semences se métamorphosent en tiges, en épis, en paille, en grains; le bétail est converti en viande de boucherie; la valeur de ces objets reparaît enfin sous la forme de monnaie, laquelle à son tour est convertie de nouveau en matières premières. Il suit clairement de là, que le capital productif roulant peut être détourné, sans grand sacrifice, de sa destination première et recevoir une autre application, attendu que rien ne s'oppose, à ce que l'industriel, après avoir réalisé ses produits, cesse son industrie et embrasse un autre état.

Mais l'importance du capital fixe ne forme, dans quelques industries, que la très-petite fraction du capital productif; dans certains cas, au contraire, elle en constitue la plus large part : les industries qui tombent dans l'application de ce dernier cas, sont donc naturellement plus dangereuses, plus exposées à des pertes énormes, si, par des circonstances quelconques, des traités de commerce, des lois ou des réglements, elles doivent être abandonnées.

Parmi ces premières, nous citerons les tanneries, dont les matières premières, les marchandises fabriquées ou en cours de fabrication, représentent une très importante partie du capital productif; nous signalerons au nombre des dernières, l'industrie de l'armateur, celle du fabricant de produits chimiques, l'industrie de la pêche maritime. Citons un exemple qui a rapport à cette dernière industrie.

Une barque de pêche forme, avec ses filets, ses lignes, le capital productif fixe de l'armateur, dont le capital roulant est peu important; cette embarcation n'est ordinairement, que d'un faible tonnage; elle possède un vivier, les emménagements que nécessite la pratique d'une telle industrie, elle a reçu des formes particulières, plus propres à favoriser sa marche, que son utilité, comme moyen de transport; elle ne saurait donc être employée qu'à l'exercice de l'industrie pour laquelle elle a été créée.

Il est des exploitations dont le capital productif est pour ainsi dire exclusivement fixe, dont toute la valeur se résume dans la main-d'œuvre qu'a exigée leur établissement; tels sont les canaux, les ouvrages de terrassement en général.

Nous avons cru utile de signaler cette différence de nature des capitaux productifs, afin que l'on saisît mieux les conséquences que peuvent avoir les lois vicieuses qui viennent quelquefois frapper l'industrie. Les effets en sont toujours déplorables, mais, elles deviennent doublement désastreuses, elles ruinent les industriels et portent atteinte à la richesse nationale, lorsqu'elles frappent les exploitations dont le capital productif est essentiellement fixe.

Toutes les lois portent de bons ou de mauvais fruits; toutes exigent, avant l'adoption, un examen minutieux, mais celles qui concernent l'industrie, qui intéressent le travailleur, qui touchent de si près au pain du peuple, réclament évidemment une étude approfondie et toute la perspicacité du législateur. Un gouvernement sage ne pourrait faire un pas dans cette tortueuse carrière, sans avoir entendu, écouté des hommes spéciaux qui, rompus à l'industrie, en connaissent les besoins, voient mieux les dangers auxquels elle peut être exposée.

Remarquons, en passant, que toutes les industries se lient, que ce qui est produit pour l'une est matière première pour l'autre; que l'action d'une bonne loi, comme celle d'une mauvaise, a son écho dans toutes les ramifications de l'industrie.

CHAPITRE XI.

Des agents naturels. — Introduction en Europe des moulins-à-vent et des moulins-à-eau. — Invention des machines à vapeur. — Conséquences d'une loi qui garantirait efficacement la propriété intellectuelle.

Nous venons de voir, qu'une partie de la valeur que l'industrie donne aux choses doit être attribuée au capital productif, ou, en d'autres termes, au concours de produits antérieurement créés; une autre part revient au travail de la nature, en effet, indépendamment des services que rendent à l'agriculture la charrue et la herse, elle dispose de la force végétale du sol, de la force vitale qui préside au développement du corps des animaux, de l'action du soleil, de l'air, de l'eau. C'est ce travail dont la nature fait les frais, c'est cette coopération indépendante du pouvoir de l'homme, que J.-B. Say appelle le *service productif des agents naturels.*

Mais, cette dénomination est applicable non-seulement aux services que rend la faculté productive du sol, elle s'étend à cette infinité de phénomènes qui s'accomplissent en vertu des lois de la gravité, de l'action de la chaleur, des lois de l'affinité, de la répulsion moléculaire des corps gazeux; en vertu de cette masse de propriétés inhérentes à la nature, que les études des savants sont parvenues à dévoiler. Car, s'il est des effets naturels dont la découverte n'a exigé aucun effort, il en est d'autres, et ceux-ci sont les plus nombreux, que le génie de l'homme n'a su pénétrer et atteler au char de la production, qu'au prix du travail le plus soutenu. Et si, de nos jours, nous avons fait quelques conquêtes dans la connaissance de ce vaste champ des propriétés naturelles, nous le devons, non à l'esprit éclairé, non à l'ardeur observatrice d'un seul homme, mais aux efforts accumulés de touts ces savants qui, de temps en temps, ont paru sur la terre, pour nous laisser, en la quittant, ce précieux héritage de leur génie et de leurs travaux.

Le service productif du capital est si étroitement lié à celui des agents naturels, leur coopération est si intime, qu'il devient impossible d'assigner, à chacun d'eux, la part qu'il prend à la production. Afin de nous rendre plus intelligibles, nous citerons un exemple qui se rattache à l'application des machines de force et de vitesse, à l'industrie : supposons qu'il faille la force de cent hommes pour mettre en mouvement les métiers de tissage d'une fabrique d'étoffes, il est clair, que la machine à vapeur qui imprimerait à ces métiers une force égale, devrait être considérée comme rendant le service de cent hommes. Mais, la machine à vapeur en action réunit le concours de deux agens producteurs : celui du capital qui représente la valeur, le prix de la machine, les dépenses occasionnées par la construction, la pose, le prix du combustible; celui des agents naturels qui est le résultat du dégagement de la chaleur, par la combustion, et la transformation de l'eau en vapeur par la chaleur, et de la force résultant de la contrariété qu'éprouve la propriété moléculaire répulsive.

Dans les exploitations agricoles, certains travaux d'art favorisent le pouvoir productif des agens de la nature; nous voyons exécuter des travaux qui mettent obstacle à l'envahissement des eaux dont la surabondance contrarie la production : tels sont les endiguements des Polders; d'autres, qui, au contraire, amènent les eaux dont les salutaires effets doivent fertiliser un sol ingrat : tels sont les travaux d'irrigation artificielle que l'on exécute dans nos bruyères. Au total, nous voyons que le capital et les agents naturels travaillent ensemble à la production; mais le capital coûte à l'industrie, tandis que la nature lui prête gratuitement ses agents; concluons en, que, plus nous parviendrons à alléger, à annihiler le concours du capital qui nous coûte et à augmenter celui des agents naturels dont nous disposons gratuitement, plus nous produirons avec avantage.

Dans son traité d'économie politique, J.-B. Say cite un exemple par lequel il donne la mesure du service du vent appliqué au moulin. « Qu'on suppose, dit-il, » qu'en place des ailes d'un moulin-à-vent, il y ait une » roue à marcher, un tambour que l'on fasse tourner » en marchant dans l'intérieur; qu'il faille dix hommes » pour cette manœuvre. Alors, le produit du moulin » pourrait être considéré comme le fruit du service d'un

» capital, qui serait la valeur de la machine et du » service des dix hommes qui la feraient tourner; et si » l'on substitue des ailes à la roue à marcher, il devient » évident que le vent qui est un agent fourni par la » nature exécute l'ouvrage de dix hommes. Dans ce » cas-ci, l'action d'un agent naturel pourrait être » suppléée par une autre force. » Nous ferons remarquer cependant, que le moulin à tambour exécute son mouvement de rotation, non par la force proprement dite des dix hommes, mais en vertu des lois de la gravité; or, il n'y a dans l'exemple cité par l'illustre économiste, qu'une substitution d'un agent naturel à un autre, substitution du reste très-avantageuse, attendu qu'il en résulte une économie de dix hommes, qui vient dégréver la faculté productive du capital, aux dépens de celui des agens naturels dont nous disposons sans frais.

Les anciens ne connaissaient pas l'usage des moulins. Homère dit, au vingtième chant de l'Odyssée, en parlant du palais d'Ulysse, que douze femmes étaient chargées de broyer sous la meule le grain nourricier dont Cérès fit présent aux hommes. D'après le célèbre économiste, Adam Smith, on ne connaissait en Angleterre, ni en aucune autre partie de l'Europe en deçà des Alpes, ni moulin-à-vent ni moulin-à-eau, avant le commencement du XVIe siècle. Il semble qu'ils aient été introduits en Italie à une époque plus reculée. En substituant la force naturelle de l'eau et du vent à celle de l'homme, l'inventeur de cette ingénieuse application, dont le nom est resté ignoré, a rendu, au monde entier un service éminent. Ses titres à la reconnaissance publique ne sont pas contestés, par ceux mêmes, qui considèrent l'application des machines à l'industrie, comme de véritables calamités. Les moulins-à-eau et à-vent ont le monde entier pour panégyriste.

Grâce à l'imprimerie, les noms des hommes qui ont contribué à l'invention des machines à vapeur, traverseront les siècles.

En 1663 le marquis de Worcester fit, le premier, d'après le baron Ch. Dupin, la description d'un mécanisme analogue à celui des machines à vapeur et proposa d'employer la force de l'eau vaporisée. Quelque temps après, en 1682, Papin inventa son digesteur. Newcomen, serrurier de Dartmouth, Kiane Fitz-Gerald et James Watt, vinrent successivement, attacher leur nom à cette grande conquête du génie de l'homme.

L'application de la vapeur, comme force motrice surtout, fera époque dans les annales industrielles. La vapeur en révolutionnant l'industrie, l'a fait sortir de ses vieilles ornières, et lui a imprimé un progrès considérable.

Parmi les agents naturels, les uns sont susceptibles d'être possédés. Tels sont les fonds productifs de valeur, les terres, les pêcheries, les cours d'eau; d'autres ne sont la propriété de personne. Tels sont le vent, les propriétés des lois physiques, l'action chimique des matières les unes sur les autres, etc. J.-B. Say fait, à ce sujet, une remarque bien importante. Il établit avec raison, que cette double circonstance, d'être ou de ne pas être susceptibles d'appropriation, est favorable au développement du pouvoir productif de l'industrie. En effet, si le propriétaire d'un champ ne pouvait ajouter, avec sécurité, des valeurs capitales à sa propriété, s'il n'avait la certitude d'en recueillir, à lui seul, les fruits, sa sollicitude serait moins grande, la terre serait mal exploitée et produirait infiniment moins; d'un autre côté, la latitude laissée à l'industrie de disposer des facultés naturelles, lui ouvre un champ d'exploration immense qui n'a d'autres bornes, que celles que la paresse et l'ignorance des hommes lui imposent.

Nous venons de voir que la faculté de pouvoir être possédé, favorise la production; mais, ce raisonnement n'est pas applicable seulement aux terres, aux possessions purement matérielles, il doit s'étendre à toute chose. Si l'on garantissait à celui qui fouille dans le vaste champ de la nature, la propriété de ses conquêtes, si l'on garantissait à l'inventeur le produit de ses découvertes, si, en un mot, des lois efficaces protégeaient la plus sacrée de toutes les propriétés, celle de l'intelligence, quelles ne seraient pas les conséquences de pareilles mesures! Certes, en jetant derrière nous un coup d'œil rétrospectif, en comparant le monde d'aujourd'hui au monde d'autrefois, le travail accompli doit nous frapper. Mais combien le champ que nous avons devant nous est vaste, que de nouvelles conquêtes viendraient encore éblouir le monde étonné, si le législateur, étendait sa main protectrice sur le produit du travail intellectuel, comme sur le produit du travail matériel !

CHAPITRE XII.

Du concours de l'industrie, du capital et des agents naturels. — Conditions indispensables à l'existence de toute industrie.

En résumant ce que nous avons dit dans les précédents chapitres, nous voyons que l'industrie, le capital et les agents naturels sont les éléments de la production; que parmi les agents naturels, il s'en trouve qui sont susceptibles d'être possédés : tels que les fonds de terre, les pêcheries, les courants d'eau qui ne cèdent pas leur concours sans rétribution. Toutefois, quoique la faculté productive exige le concours de ces trois leviers de la création des valeurs, il n'est pas nécessaire, pour qu'il y ait possibilité de produire, que ces trois éléments soient la propriété d'un même individu. Il arrive que celui qui a de l'industrie n'a pas, la possession de valeurs déjà créées, un capital; comme il arrive qu'il ne possède pas toujours, en propre, une terre, une pêcherie, un courant d'eau. Le cultivateur est rarement le possesseur du sol qu'il exploite, il le tient d'un propriétaire auquel il paie une certaine redevance, un fermage, un bail, un loyer convenu; de même, il peut tenir à titre de prêt d'un autre, d'un capitaliste, d'un banquier, moyennant une certaine redevance, que l'on nomme intérêt, les matières déjà créées, le capital nécessaire à l'exploitation de son entreprise. Ces diverses redevances, le fermage du propriétaire, l'intérêt du capitaliste, ainsi que la valeur des parties consommées du capital, doivent nécessairement être déduites, de la valeur brute des produits, avant qu'il dispose de la part qui lui revient, du produit net de son industrie. Ainsi donc, une industrie n'est viable, n'a de condition d'existence, qu'autant que le produit brut satisfasse au moins à ces quatre exigences : c'est-à-dire, au fermage, à l'intérêt, au rétablissement de la valeur capitale détruite pendant l'exploitation, et à l'entretien de l'exploitant. Les mêmes conditions sont exigées, alors même, que l'exploitant est propriétaire, ou propriétaire et capitaliste, quoique dans ce cas, l'exploitant profite lui même de ces redevances. Il est rare, cependant, que les exploitants, les ouvriers mêmes n'aient, au moins, une partie du capital indispensable. La valeur des outils est, dans certains cas, si peu importante, la part du produit qui leur revient si minime, qu'elle se trouve confondue dans le salaire ; c'est ainsi que le maçon ne marche pas sans sa règle et sa truelle, le tailleur ne se présente pas sans son dé, ses aiguilles et ses ciseaux, l'intérêt de leur capital se trouve confondu dans le salaire qu'ils reçoivent.

Les industries qui ne réclament pas le concours d'un agent naturel indispensable, qui disposent des propriétés communes à tous, échappent aux frais de fermage : telles sont les pêches qui s'exerçent dans les eaux libres, en pleine mer; la plupart des établissements manufacturiers, à moins, qu'on ne considère, comme fonds de terre l'emplacement où s'exerce l'industrie, ou sur lequel sont construits les ateliers et les magasins que nécessite l'exploitation. Or, ce fermage est généralement insignifiant, eu égard à l'importance de l'exploitation.

Nous remarquons ici que l'étendue du territoire ne limite pas, jusqu'à un certain point, la production de l'industrie manufacturière ou commerciale : la Belgique, quoique ne disposant que d'une superficie exiguë comparativement à sa population, trouve néanmoins, dans son industrie manufacturière, une source de production considérable; c'est encore par la même raison que la Hollande, qui marche en première ligne parmi les états en fait d'industrie commerciale, se trouve, malgré l'immensité de ses opérations, fort à son aise dans ses confins resserrés.

Il n'en est pas de même, quant à l'industrie agricole, sa production se trouve limitée par l'étendue du sol dont elle dispose; c'est là le principal motif pour lequel les peuples qui s'adonnent exclusivement à l'agriculture et négligent l'industrie manufacturière et commerciale, se trouvent moins bien approvisionnés, sont généralement plus pauvres que les nations qui exploitent les trois branches créatrices des richesses.

On voit des peuples, dit J.-B. Say, dont le territoire ne produit pas la vingtième partie de ce qui est nécessaire à leur subsistance, vivre dans l'abondance. Il signale l'aisance des populations manufacturières qui habitent les gorges infertiles du Jura, les conquêtes de la république de Venise si remarquable, au treizième siècle, par l'immense extension qu'elle a su donner à son commerce. En effet, nous voyons cette république confinée alors dans d'étroites limites, être assez puissante pour conquérir le royaume de Chypre, la Morée, l'île de Candie, une partie de l'Archipel, Naples et la Sicile; nous trouvons en 1206 les Vénitiens maîtres de Constantinople; les ressources créées par leur commerce, leur permirent de sortir victorieux des luttes incessantes qu'ils eurent à soutenir. Ils défirent successivement les Sarrasins, les Grecs, les Pisans, les Genois, les Anglais, les Milanais et les Turcs. Vasco de Gamma, en ouvrant le commerce des Indes, par le cap de Bonne-Espérance, fit à Venise un préjudice considérable; son commerce déclina et entraîna, dans sa chute, sa marine et sa puissance.

CHAPITRE XIII.

Des facultés productives qui constituent l'industrie. — Facultés productives du savant, de l'inventeur, de l'industriel, de l'ouvrier. — Nécessité de l'organisation du haut enseignement industriel. — Des écoles d'application pour l'ouvrier. — Causes de la prépondérance de l'industriel anglais, sur les marchés étrangers.

En soumettant l'industrie à l'action de l'analyse, nous reconnaissons qu'elle renferme en elle le travail de plusieurs intelligences.

C'est à l'étude, aux facultés intellectuelles d'intelligences supérieures, que nous devons la découverte des phénomènes de la nature. L'esprit observateur et pénétrant du physicien a découvert l'effet du feu sur les métaux, leur propriété de dilatation par l'action de la chaleur. La connaissance de ces propriétés était indispensable à la transformation de ces matières en instruments, en outils si généralement repandus dans les arts et les métiers; c'est encore aux observations du physicien, que nous sommes redevables de la connaissance des lois de la gravitation, de la pesanteur spécifique, de la propriété d'attraction et de répulsion moléculaire, dont les effets reçoivent, journellement, une application productive.

Nous devons, en un mot, la connaissance de cette infinité de propriétés naturelles, douées de tant de qualités productives, à l'intelligence, aux études approfondies des chimistes, des physiciens, des naturalistes et de tant d'autres travailleurs de la pensée que nous désignons sous le nom de savants. Concluons donc, que la science renferme en elle le germe de l'industrie : elle en est la pierre fondamentale, elle est le point d'appui de la production.

Une autre intelligence s'empare de la découverte de ces propriétés, les rapproche du théâtre de la production ; c'est l'intelligence des Newcommen, des Watt ; celle qui crée des machines, qui emprisonne la vapeur pour ne lui rendre la liberté que moyennant rançon au profit de la création des richesses ; c'est le génie des Guttemberg, des Fust, des Schœffer, qui invente l'art de l'imprimerie qui multiplie la parole écrite. Que ne devons-nous pas à ces efforts du génie de l'homme, à cette imprimerie surtout, qui transporte à travers les climats et les siècles cette multitude de créations de l'intelligence humaine ! Elle est à la fois le dépositaire sacré des lumières et le boulevard de la civilisation contre la barbarie. L'invention de l'imprimerie date de 1450. Que n'est-elle moins récente ! Que d'inventions curieuses, que de richesses de l'esprit humain, nous n'eussions pas perdues ! Combien de manuscrits, dépositaires de l'expérience des siècles, ne se sont pas envolés dans les airs, ne sont pas restés ensevelis sous les cendres, lorsque le feu de la guerre consumma ces immenses bibliothèques d'Alexandrie ; lorsque le fanatisme des empereurs Turcs attira, à Constantinople, l'incendie destructeur de ces sanctuaires où était déposée la pensée écrite des génies de tant de siècles !

Une autre faculté, celle de l'industriel, exploite à ses risques et périls, elle applique les conquêtes du savant, les outils et les machines de l'inventeur. Nous désignons l'industriel sous le nom de cultivateur, de manufacturier ou de commerçant, selon le genre de richesses qu'il est appelé à créer.

Vient, enfin, la faculté exécutive, l'intelligence et la dextérité de l'ouvrier qui triomphent des difficultés de l'exécution.

Ainsi, l'industrie représente quatre intelligences distinctes, quatre facultés différentes : celle du savant, celle de l'inventeur, celle de l'industriel, et celle de l'ouvrier.

En effet, en rapportant notre examen à l'agriculture, nous trouvons que le cultivateur fait fructifier les découvertes de l'agronome ; il amende le sol en vertu de la science du chimiste, qui, en passant la terre au creuset de l'analyse, a découvert les divers corps qui en constituent la force végétale. Il profite de la connaissance des propriétés physiques du fer, du bois, dont ses outils sont composés ; du génie de l'inventeur qui les a créés, des facultés de l'industriel et des artisans qui ont travaillé à les confectionner ; il dispose de sa propre intelligence, de sa propre activité, de la force, de l'adresse, de la dextérité de ses ouvriers.

En appliquant le même raisonnement à l'industrie manufacturière, à la fabrication d'une montre, par exemple, nous remarquons que cet instrument doit son existence aux propriétés inhérentes aux métaux, à la conception mécanique, à l'intelligence de l'horloger, à l'adresse et à la dextérité de ses aides. Il en est de même de l'industrie commerciale. Le négociant, l'armateur, indépendamment de leur intelligence, de leurs propres facultés, disposent de la science de l'astronome, de celle du géographe, du génie qui a présidé à l'invention des machines de transport, du travail des ouvriers, et des connaissances théoriques et pratiques du marin.

Nous voyons, en somme, que la science porte en elle le germe de la production que féconde le génie de l'inventeur; et que l'intelligence de l'industriel, le travail de l'ouvrier, moissonnent au profit de la société. Concluons que ces quatre facultés productives, qui constituent l'industrie, méritent, au plus haut degré, la sollicitude de tout gouvernement, quelle qu'en soit la forme, qui veut le bien-être matériel de ses administrés. Et remarquons, en passant, combien le savant, cet ouvrier cosmopolite de la pensée, a de titres à la gratitude de toutes les nations, comme à la reconnaissance de touts les gouvernements.

Ces diverses considérations nous montrent combien le bonheur matériel des états dépend de la bonne administration, de la sagesse des hommes qui sont appelés à gouverner. Certes, dans la plupart des pays, le haut enseignement est parvenu à ce degré qui constate les immenses progrès de la civilisation; mais, nous regrettons de ne pas pouvoir en dire autant des autres degrés de l'instruction publique; les écoles d'arts et métiers manquent. Pourquoi ne pas organiser aussi, sur une échelle convenable, un haut enseignement industriel? Pourquoi ne pas multiplier ces écoles d'application, où l'ouvrier viendrait acquérir la dextérité, où il apprendrait à apprécier toute l'importance qu'il doit attacher à l'achèvement de son œuvre, où enfin on stimulerait son amour-propre, par quelque récompense honorifique, par un diplôme ou un certificat de capacité? N'oublions pas que l'ouvrier est le soldat de l'industrie, les outils sont ses armes; il faut qu'il sache les manier, sinon, la victoire lui échappe sur le champ de bataille de l'industrie des nations.

En décernant des médailles à la classe ouvrière, en récompensant la moralité et l'habileté de quelques ouvriers, la Belgique a fait un premier pas dans cette voie de progrès, Puissent les hommes qui président à tant de destinées continuer leur pénible, mais noble tâche !

Nous savons combien la dernière main donnée a l'ouvrage, combien le degré de perfection, influe sur la valeur du produit. Il est une autre considération que l'industriel ne doit pas perdre de vue et de laquelle dépend, en grande partie, la réussite de son opération. Il importe que le manufacturier tienne compte, dans sa fabrication, du goût, des mesures en usage dans le pays qu'il désire exploiter.

Les peuples des colonies sont capricieux, routiniers; ils tiennent aux usages établis et sont ennemis des innovations; il faut les suivre sur ce terrain, sous peine de se voir privé du bénéfice du débouché. C'est en vertu de ces considérations, que le marchand de vin de Bordeaux expédie ses vins en caisses, ou en barils contenant une quantité de bouteilles déterminée, selon l'usage des marchés qu'il exploite. C'est par ce même motif, que le distillateur hollandais expédie, aux colonies ses genièvres, il va même jusqu'à tenir compte de la forme voulue des bouteilles, et de la couleur de la caisse.

Le fabricant anglais possède, au plus haut degré, ces qualités pratiques, les dimensions qu'il donne à ses étoffes, leur largeur, leur aunage, leur apprêt, leur emballage même, portent le cachet d'une sévère soumission aux exigences du consommateur : il étudie les goûts du nord et ceux du midi, il varie sa fabrication. La nation qui ne sait donner qu'une façon ne trouve d'acheteurs, que chez elle.

L'ouvrier français est jaloux de son produit. Le chapelier parisien, ne coiffe pas sa pratique avant d'avoir donné à son chapeau le dernier coup de brosse. L'ouvrier anglais ne se dessaisit pas de son produit, avant qu'il ait reçu de sa main, le dernier fini. L'ouvrier belge attache généralement plus de prix aux qualités durables, c'est ainsi que le tisserand flamand, dont la toile possède des qualités incontestables, ne tient pas assez compte, surtout quand il travaille pour des pays transatlantiques, des dimensions, du degré de légèreté, de l'apprêt, de l'emballage que le consomateur des colonies exige, c'est un des motifs pour lesquels, ses étoffes si belles et si solides, n'ont pas toujours rencontré, sur les marchés étrangers, tout le succès qu'on pouvait en espérer. Il est vrai, que l'industriel n'est pas toujours à même de savoir toutes, ces particularités dont dépend souvent le succès d'une expédition : il appartient donc aux gouvernements, surtout à leurs agents à l'étranger, d'étudier ces usages, ces goûts locaux, dont la connaissance est d'une impérieuse nécessité.

Cette prépondérance du manufacturier et du commerçant anglais, sur les marchés étrangers, s'explique donc. Dès le commencement du règne d'Elisabeth la législation anglaise a été particulièrement attentive aux intérêts manufacturiers et commerciaux; les acquisitions d'immeubles sont difficiles en Angleterre; la grande étendue des côtes, les rivières navigables qui pénètrent au cœur du pays, ses immenses possessions transatlantiques prédisposent naturellement l'application des capitaux à l'industrie manufacturière et commerciale. Les entreprises y sont colossales, les établissements industriels, gigantesques, et les frais généraux répartis sur des masses de produits. Ces conditions permettent à l'industrie anglaise, de faire des frais d'exploration, de s'enquérir, par elle-même, sur touts les points du globe, des goûts et des usages. Chez les nations du continent, au contraire, les lois prédisposent moins à l'application des capitaux aux entreprises chanceuses; l'esprit entreprenant y est plus froid, les établissements y sont généralement d'une importance secondaire; l'exploitation, plus restreinte, recule devant des frais d'exploration trop considérables.

C'est donc aux gouvernements, de faire des dépenses dans ce sens : les deniers du contribuable ne sauraient recevoir une meilleure ni plus utile application.

Il fut un temps, où, cette Angleterre dont l'industrie est, de nos jours, si formidable, achetait à la Belgique la majeure partie des étoffes dont elle avait besoin. Preuve convaincante de ce que peuvent, sur les destinées d'un peuple, le temps et une administration sage et réfléchie.

CHAPITRE XIV.

Du travail de l'homme; de celui des outils et des machines. — Utilité et nécessité des outils. — Bien résultant de l'application des machines à l'industrie. — Effets produits par les chemins de fer. — Le monument commémoratif de Malines. — L'intérêt bien entendu des gouvernements exige qu'ils ne repoussent pas les nombreuses conceptions.

Nous avons pu acquérir la conviction, que le travail utile, et l'on ne peut en supposer d'autre, est productif; que les recherches du savant, les travaux ingénieux de l'inventeur, les connaissances pratiques de l'industriel, le travail manuel de l'ouvrier, concourent à la création des choses utiles, il est raisonnable d'admettre, que tous ces travaux s'exécutent en vue d'une récompense, d'un salaire, d'une redevance quelconque. Passons maintenant à l'examen du travail des outils et des machines; constatons le soulagement qu'éprouve le travail de l'homme, par leur emploi, et développons les immenses avantages qui en dérivent pour la société en général.

L'outil n'est autre chose qu'une machine peu compliquée qui permet à l'homme d'ajouter à sa force, et dont la nature fournit souvent le modèle. La bêche n'est qu'une grande main de fer, attachée à un fort bras de bois, à laquelle le cultivateur applique la force de ses membres, et qui lui permet de faire, dans un temps donné, mieux et plus d'ouvrage que s'il labourait ses terres avec ses mains seules. Le rateau a encore de l'analogie avec une grande main, dont les doigts sont écartés, et qui se trouve attachée à un bras plus long que le bras ordinaire de l'homme, cet instrument est façonné de manière à recevoir l'application de la force des deux mains et même une certaine force, que transmet l'élan du corps. L'emploi de cet outil a les mêmes conséquences que celui de la bêche, il permet au jardinier de faire plus, et mieux que s'il nettoyait ses allées, sans le secours de cet instrument.

Les lois de la physique s'opposent à ce qu'un corps quelconque déplace les molécules d'un corps plus dur. Nous ferions aisément un trou dans du beurre, avec notre doigt, mais nous ne réussirions pas à percer le bois, encore moins le fer. Le plus piètre apprenti menuisier s'amuserait aux dépens d'Hercule, si ce dernier essayait de percer une planche de trois pouces, sans le secours d'un vilebrequin. Un moment de réflexion suffira, pour nous faire comprendre, que la main de l'homme le plus fort, ne saurait exécuter le moindre travail de ce genre, duquel triomphe l'enfant muni d'un outil. En enfonçant un clou au moyen d'un marteau, indépendamment des autres avantages qui résultent de l'emploi de cet outil, le charpentier ajoute, à sa propre force, celle qui résulte des lois de la gravité.

Le concours des outils contribue puissamment à la production; l'influence qu'ils exercent sur le bien-être matériel des peuples n'est pas contesté : il n'en est pas de même des machines et des mécaniques.

Nous entendons souvent des hommes superficiels se prononcer contre l'application des mécaniques à l'industrie; considérer comme des calamités publiques, l'invention de procédés expéditifs de fabrication. Nous avons vu la classe ouvrière, peu éclairée sur ses propres intérêts, s'abandonner, dans certaines occasions, à des actes déplorables; recourir à l'émeute, à l'incendie même; protester par la force brutale contre l'établissement de ces ingénieuses applications à la production. Examinons combien ces déplorables excès de l'ignorance sont déraisonnables.

Toute innovation, tout progrès amène évidemment avec lui une certaine perturbation dans l'industrie, mais cette perturbation n'est que transitoire, elle n'est que d'un moment. Les bras qui, pour un instant, ont pu être réduits à l'inactivité ne suffisent bientôt plus. Ils deviennent au contraire plus actifs que par le passé, et la société conquiert la jouissance d'un produit qui lui coûte moins cher, qui est conséquemment plus abordable pour toutes les classes d'individus dont elle se compose.

Afin de mieux apprécier les bienfaits qui résultent du travail de la nature, de l'application des machines à l'industrie, défaisons ce qui est fait; reculons de quelques siècles. Supprimons ces moulins, dont le vent et l'eau animent les meules et réduisent notre grain en belle et bonne farine. Faisons, pour un moment, notre mouture à force de bras, raisonnons dans cette hypothèse, et voyons quelles seraient les conséquences de notre œuvre rétrograde. Il ne faut pas de grands efforts d'esprit pour se convaincre, que les conséquences d'une pareille monstruosité seraient ruineuses, meurtrières. La façon de la farine serait exorbitante, le prix du pain, cet aliment indispensable à toutes les classes de la société, serait inabordable pour le peuple. Il est vrai que quelques bras de plus, que l'on enlèverait à d'autres travaux, seraient appliqués à notre hypothétique expérience, pour remplacer la force du vent et le travail mécanique du moulin ; mais cet avantage, si avantage il y a, serait accompagné d'une véritable calamité.

Il est possible, que lors de l'établissement des premiers moulins, les femmes qui, d'après Homère, étaient employées à broyer le grain nourricier dont Cérès fit présent aux hommes, aient voulu pendre aux aux ailes de son ingénieuse machine, celui dont le nom aurait dû passer à la postérité, mais il est probable, que les femmes d'aujourd'hui seraient disposées à passer sous la meule, le mortel assez hardi qui proposerait de leur faire reconquérir cet ancien privilége. Malgré toute l'horreur que nous inspireraient de pareils excès de la part du sexe, nous trouverions cette conduite excusable, jusqu'à un certain point. Mais rétablissons vite nos moulins et concluons que ces machines, que les agents naturels animent, nous rendent des services signalés, et disons qu'elles compensent au centuple le désavantage de petits intérêts, momentanément lésés.

Avant l'application de la mécanique à la filature et à la tisseranderie, la chemise était un vêtement cher; la classe ouvrière était mal vêtue, mal coiffée, mal chaussée, ou ne l'était point du tout; l'ouvrier endimanché se promenait en sabots et en bonnet de coton; de nos jours, grâce aux mécaniques, grâce à la vapeur, ce grand cheval que l'homme a su dompter et atteler au char de la production, l'ouvrier acquiert, en échange de son travail, moins pénible que jadis, des vêtements meilleurs, une existence au moins supportable.

Nous avons dit que l'application des mécaniques à l'industrie, est presque toujours accompagnée d'un moment d'embarras; que, pour un certain temps, elle condamne quelques bras à l'inactivité. Mais ce mal n'est généralement que le prélude d'un meilleur avenir. Le bon marché des produits favorise la consommation, la fait passer dans les rangs de toutes les classes de la société; la production se multiplie, et, le plus souvent, les bras, au lieu de rester oisifs, reçoivent une nouvelle application plus active. C'est ainsi que le nombre d'ouvriers employés à la fabrication des étoffes dont la société actuelle dispose, est incomparablement supérieur à celui qui trouvait à s'utiliser, il y a un siècle; c'est là une vérité incontestable, que toute la logique des rétrogrades ne saurait réfuter.

Avant l'invention de l'imprimerie, les auteurs employaient des copistes: leurs ouvrages se répandaient peu et lentement, les œuvres littéraires étaient chères, elles ne dépassaient pas certaines limites; il n'y avait guère que la classe riche qui eût le moyen d'acquérir quelques connaissances. Aujourd'hui, au contraire, grâce à Guttemberg et à ses ingénieux collaborateurs, les lumières se répandent avec la rapidité de l'éclair, elles pénètrent dans toutes les classes, elles jetent partout un germe productif. Et combien de génies issus de la classe du peuple, autrefois si reléguée, ne voit-on pas, de nos jours, s'illustrer, suspendre leur couronne au trophée de la gloire nationale, et ajouter un rayon à l'auréole de leur patrie !

Mais si l'invention de l'imprimerie a porté quelque atteinte à l'existence matérielle des copistes, sans tenir compte de l'impulsion extraordinaire qu'elle donne à la fabrication du papier, aux industries qui en dépendent, à la production des presses, des caractères, quel concours de bras n'exige-t-elle pas! qui n'a pu juger de cette activité extraordinaire qui règne dans les ateliers de l'imprimeur, qui n'a compté ces prots, ces compositeurs, ces dessinateurs, ces relieurs, cette fourmilière d'ouvriers qui trouvent leur existence dans ses ateliers et dans ceux du lithographe ?

La Belgique a, la première, conçu le vaste projet de couvrir son territoire de chemins de fer. En travaillant à sa prospérité, elle a contribué à celle de l'Allemagne, en la rapprochant, pour ainsi dire, des bords de la mer; bientôt il n'y aura plus de distances en Europe. L'initiative de cette œuvre gigantesque a donné à la Belgique une certaine prépondérance, son exemple a été suivi avec empressement, elle a prêté ses habiles ingénieurs à plusieurs états qui l'ont imitée, elle est la première cause de l'élimination des distances, de la disparition, petit à petit, des préjugés nationaux, elle est la source de l'amitié fraternelle des peuples. Ces résultats seront par la suite un gage assuré de la paix, de la bonne intelligence entre les gouvernements. C'est peut-être à cette initiative que le Belge doit cette part de sympathie qu'il trouve chez les autres peuples de l'Europe.

Combien cependant, cette grande pensée nationale, n'a-t-elle pas trouvé de contradicteurs acharnés! rien n'échappait aux lamentations des rétrogrades, il n'y eut pas même jusqu'aux chevaux, qui allaient être condamnés à l'oisiveté, sur le sort desquels on ne s'apitoyât; les cochers avaient rempli leur carrière! Nous le demandons, qu'est-il arrivé des prédictions de ces prophètes à courte vue? absolument le contraire, un résultat inverse : les cochers se sont multipliés, et les chevaux mènent une vie plus active qu'ils ne voudraient, ils en portent sur les reins la preuve écrite.

Convenons-en, tout respire dans cette œuvre, le beau, le grandiose. En contemplant ces stations, que d'habiles architectes ont créées, l'homme est stupéfait, ses propres forces l'étonnent. Que diraient nos pères, si, ressuscitant comme Lazare, ils voyaient les travaux de leurs descendants, eux qui, si souvent, eurent tout le corps bouleversé, les membres rompus, pour avoir fait, dans un coche, une lieue à l'heure?

Mais, entre tant de merveilles, quel effet disparate ne produit pas le monument commémoratif de Malines!

cette colonne de granit brut surmontée d'une pointe, qui a plutôt les formes d'une pierre tumulaire que les contours d'un monument destiné à perpétuer le souvenir d'une entreprise gigantesque. Il nous semble avoir vu quelque chose de pareil dans un coin du Père-Lachaise. Que l'on plante près du monument de Malines deux saules pleureurs, et le passant se croira devant une tombe placée dans un lieu mal choisi.

Nous eussions voulu voir s'élever, à l'endroit où se croisent les grandes routes de l'Europe, où le chemin de l'Inde fait sa jonction avec celui de Londres, quelque chose de grandiose, digne du crayon des Suys et des Roelants; un de ces monuments qui parlent; qui eût dit à l'étranger passant par Malines : C'est ici que s'arrêta le premier convoi lancé sur le continent de la vieille Europe. Le génie de la Belgique en fut le conducteur. Mais espérons : la commission des monuments existe, elle avisera : Rome ne fut pas faite dans un jour.

Quoique nous voyions avec plaisir les préjugés nationaux s'éteindre, nous aimons le sentiment national, nous aimons qu'un Français, soit Français, qu'un Allemand, soit Allemand, qu'un Belge, soit Belge. Les villes revendiquent une partie de la gloire de leurs grands hommes; nous voyons Anvers exhiber, avec orgueil, la chaise de Rubens, pourquoi les nations ne revendiqueraient-elles pas leurs travaux, la part qu'elles ont prise à la civilisation? La France, l'Angleterre, l'Allemagne, la Hollande, l'Espagne, le Portugal, en un mot toutes les nations du monde, ont des pages dorées à fournir à l'histoire universelle.

L'établissement des chemins de fer, comme toutes les innovations, a exigé, pendant un certain temps, l'emploi de beaucoup de bras. Cette création a donné un grand essor au commerce, a fait surgir de nouvelles industries, de nouveaux établissements, tels que les ateliers de construction de locomotives, de voitures, de rails. L'exploitation des voies ferrées exige le maintien de ces établisements qui, non seulement fournissent à la Belgique, mais prennent une part importante aux fournitures des chemins de fer étrangers. Voilà les conséquences de cette grande œuvre, dont la Belgique peut revendiquer l'initiative. Elle lui vaudra une belle page dans l'histoire, la grandeur de son génie créateur sera mieux appréciée dans un siècle : les grands tableaux, les grandes conceptions de l'homme ne produisent tout leur effet, que vues à une certaine distance. Les générations futures sauront mieux que nous apprécier les conséquences des chemins de fer, et les noms de nos grands hommes passeront à la postérité.

Indépendamment de cette infinité d'ouvriers qui trouvent leur occupation dans les innombrables industries, qu'alimentent les chemins de fer, combien cette exploitation n'exige-t-elle pas de bras! combien de carrières n'ouvre-t-elle pas à la classe ouvrière! Nous en convenons, quelques industries ont été lésées, mais leur importance peut-elle être comparée à celle de ce nouveau mode de transport ?

En considérant les chemins de fer sous un autre point de vue, celui de la production directe, en ne tenant même aucun compte des ressources qu'ils peuvent créer aux gouvernements, aux compagnies exploitantes, nous trouvons que cette fourmilière de voyageurs qu'ils transportent, est productive. Chaque voyageur a un but; celui-ci, mu par des motifs d'intérêt, cherche à vendre ses produits, à acquérir des matières premières; celui-là vient visiter les expositions, comparer les produits, prendre sa part au stimulant industriel que font naître ces exhibitions du travail de l'homme. Touts ont au fond de la pensée, un germe d'intérêt quelconque qui les fait agir, qui les pousse; germe qui produit souvent son fruit. Que l'on ne dise donc pas que le chemin de fer conduit à la dépense improductive. Personne ne voyage sans but, voire même ces voyageurs qui viennent du centre de l'Europe, respirer l'air d'Ostende, de Blanckenberghe, de Boulogne, de Scheveninghe, retremper, dans la mer, leurs membres affaiblis, reconquérir leur santé, acheter quelquefois la vie.

En rapportant notre examen à tout autre genre d'innovation, à l'application de toute mécanique à la fabrication, nous découvrirons les mêmes conséquences, des résultats analogues; ainsi nous trouvons que les machines et les mécaniques travaillent au lieu et place de l'homme, qu'elles produisent infiniment plus, et à meilleur compte, circonstances qui permettent aux produits de s'infiltrer dans toutes les classes de la société, d'influer par là, sur le bien-être matériel de la classe peu aisée; nous remarquons encore, que loin de porter atteinte à l'existence de la population ouvrière, le grand développement de ces exploitations, exige, au contraire, assez généralement le concours de plus de bras.

Les conquêtes du génie de l'homme ont, du reste, quelque chose de colossal, qui rend toute résistance inutile, vaine. On peut arrêter, un instant, les progrès de l'industrie, les contrarier, les détourner même, mais non les étouffer. Si l'industriel gantois avait repoussé la filature du coton à la mécanique, sous prétexte, qu'elle porterait atteinte aux intérêts des fileurs de coton au rouet, ce progrès se serait fait jour ailleurs, le rouet eût également succombé, et Gand, cette ville si industrieuse, si active, serait probablement réduite, aujourd'hui, à la douce quiétude d'un béguinage.

Nous voyons, qu'il est dans l'intérêt bien entendu des gouvernements, comme dans celui des villes, de ne pas repousser les nouvelles conceptions; d'accueillir, au contraire, toute innovation susceptible de remplacer le travail de l'homme par celui des machines. On nous objectera que l'encombrement, le trop plein serait bientôt la conséquence d'un pareil système. Nous avons déjà eu occasion de dire, que le trop plein n'est que l'embarras d'un moment. Nous verrons, par la suite, quels sont les moyens auxquels les gouvernements sages doivent recourir, afin de procurer des débouchés à leurs administrés. Contentons-nous, pour le moment, de dire, que mieux vaut abondance, encombrement, que dénuement et misère.

CHAPITRE XV.

De la division du travail. — Son influence sur l'industrie, sur les sciences, et sur les arts. — Avantages des établissements spéciaux.

Un des économistes les plus connus, célèbre surtout par son traité des délits et des peines, ouvrage qui semble avoir changé la face du droit criminel, et qui eut l'honneur de plusieurs traductions, le marquis de Beccaria, pour le nommer, qui dès 1768 occupa une chaire d'économie politique à Milan, paraît avoir, un des premiers, observé les avantages de la division du travail. Ses leçons, qui ne furent imprimées qu'après sa mort, le constatent. Diderot signale également ces avantages dans l'encyclopédie; mais le célèbre Adam Smith, est de touts les économistes du dernier siècle, celui qui a examiné la question sur toutes ses faces; son chapitre qui traite de la division du travail est, peut-être, la plus remarquable partie de son ouvrage, sur la nature et les causes de la richesse des nations; et Say qui a traité cette question avec tant de succès, ne fait aucun scrupule d'attribuer à Smith, l'honneur de l'idée de la séparation des occupations.

La division du travail est une des principales causes de la découverte et du perfectionnement des outils, et des mécaniques qui ne sont, en définitif, qu'un assemblage d'outils liés les uns aux autres, et mus par une force motrice quelconque.

Les industriels et les ouvriers qui, en vertu de la division du travail, appliquent constamment leurs facultés à la production d'un seul et même objet sont, nécessairement, plus à même que d'autres de concevoir et d'appliquer des moyens expéditifs, des innovations, aux spécialités qui font leur point de mire de tous les jours. En effet, nous devons, aux hommes pratiques, l'invention de bien des outils, de bien des machines.

Les enfants mêmes, dont l'intelligence n'a pas encore atteint tout le développement que fait acquérir le temps, deviennent ingénieux, inventent, quand un motif quelconque, l'œil, la sévérité du maître les force à triompher de la paresse. C'est ainsi que nous avons vu les espiègles des écoles, habituellement condamnés à passer une partie du temps consacré à la récréation, à l'écriture d'un nombre de lignes, déterminé par l'humeur plus ou moins mauvaise du maître, inventer de véritables machines à écrire, lier ensemble plusieurs plumes, les incliner convenablement, les disposer de manière que chaque mouvement de la main laissât sur le papier, non un seul trait, mais un nombre de traits proportionné à la complication de leur ingénieux appareil.

On cite un perfectionnement remarquable survenu dans le mécanisme de la pompe à feu, dû à l'esprit observateur et à la paresse d'un enfant. Les premières pompes à feu, éxigeaient la présence et l'attention continuelle d'un garçon chargé d'ouvrir et de fermer alternativement la communication entre la chaudière et le cylindre, selon que le piston montait ou descendait. Un de ces petits garçons, afin de pouvoir se soustraire à ce travail monotone et ennuyeux, remarqua, qu'en fixant le bout d'une corde à l'anse de la soupape qui établissait, ou interceptait la communication, et l'autre bout à une certaine partie de la machine, il obtiendrait un mouvement mécanique qui lui permettrait de prendre toutes ses aises. C'est ainsi, qu'on doit à un enfant, une de ces découvertes, qui font faire à l'industrie, des pas de géant.

Les ressorts de l'intelligence de l'enfant ne sont jamais plus en jeu, que quand il se trouve sous l'impression de la force majeure, ou de quelque désir qu'il veuille satisfaire ; ses passions comme ses vertus dilatent son esprit, lui font faire des prodiges. L'enfant a quelque analogie avec ces fruits qui ne donnent leur bon ou leur mauvais jus, que quand ils sont soumis à une certaine pression.

Il est donc évident que la division du travail développe la faculté inventive des simples ouvriers, et que nous devons à ce développement la possession de la plupart des outils, et celle de beaucoup de mécaniques d'une complication secondaire. Mais ces grandes conceptions, ces machines complètes, qui tissent, filent, tricotent, impriment, sont, communément, les œuvres du manufacturier intelligent et instruit, du contre-maître, ou du mécanicien qui visite la machine défectueuse ou incomplète et cherche à en étendre la puissance, comme le médecin visite le malade et cherche à lui faire acquérir plus de santé, une meilleure constitution. C'est encore à la division du travail que les uns et les autres doivent leurs spécialités.

Quant à ces grandes conquêtes des connaissances naturelles, elles sont le produit du travail de l'homme instruit; de l'application constante à la même science, de cette classe de gens qui observent, qui veulent savoir le pourquoi et le comment de toute chose. La nature ne livre ses secrets que peu à peu; elle est moins volage que la fortune; le voile qui la couvre est pesant et ne cède qu'à la force de l'étude. Nous pouvons donc admettre cette vérité que la division des occupations favorise les découvertes.

Mais, celui qui s'occupe constamment du même objet acquiert nécessairement plus d'adresse, ses facultés deviennent plus expéditives, il travaille mieux et plus vite. Cette vérité est applicable, non-seulement aux travailleurs ordinaires, elle est générale; elle trouve son application partout : chez le savant comme chez le manœuvre, chez le docteur en chirurgie comme chez le barbier.

Nous devons à la division du travail ces connaissances étendues que possèdent les spécialités. Nos savants, les professeurs des universités, n'excellent ordinairement que dans une branche de l'enseignement, leurs autres connaissances ne sont que secondaires. Celui qui enseigne le droit, ne possède pas au même degré la médecine, il applique ses facultés, touts ses moments, à une seule et même chose. Nous plaindrions le malade, qui confierait sa santé à un professeur de droit, mieux il vaudrait, pour lui, être plus expéditif, et envoyer prévenir le fossoyeur. Si, au contraire, nous avions à soutenir un procès, nous aurions la plus grande confiance dans les lumières du jurisconsulte et nous nous passerions de la bonne compagnie du médecin. Les gens instruits excellent dans une seule branche, chez eux, une connaissance domine nécessairement l'autre; c'est là une des conséquences heureuses de la division du travail. Pendant que les uns se livrent exclusivement à l'étude du droit, ou de la médecine, les autres suivent le mouvement des astres; d'autres ne font pas un pas sans leur microscope, ils considèrent attentivement toutes choses, découvrent du merveilleux partout; ils finiront, peut-être, un jour, par nous apprendre que toute une population d'animalcules se meut sur la surface d'un grain de sable.

Les astronomes, les géographes, les mathématiciens, les docteurs en droit et en médecine et touts ces hommes spéciaux qui font la gloire de leur siècle, doivent leur grande supériorité, leurs profondes connaissances spéciales à la division du travail, c'est leur instinct, leur goût, leur organisation qui déterminent leur préférence. Et nous avons raison de dire que la connaissance profonde de la science, l'habileté, la dextérité des ouvriers et de touts les travailleurs sont les conséquences de la division du travail.

La science du physiologiste constate que les muscles de l'homme se développent en raison de leur travail, de leur activité ordinaire. C'est ainsi que celui qui manie habituellement le marteau a toujours plus développés les muscles qui concourent à la transmission de l'effet que produit cet outil, que celui qui manie la plume.

Nous voyons quelquefois, sur nos places publiques, des hommes d'une taille très-médiocre, déployer une force considérable, soulever, jeter en l'air des objets d'un poids extraordinaire, et tel que le plus fort grenadier ne saurait les faire bouger. Ce phénomène est dû au développement considérable qu'ont acquis les muscles de ces individus, en raison de leur application continuelle au même exercice.

Mais ce qui est vrai au physique est encore vrai au moral. L'homme qui s'occupe constamment de l'étude, acquiert, non pas précisément plus de force, mais une conception plus facile. Ses muscles à lui, si nous pouvons nous exprimer ainsi, deviennent plus forts, son intelligence se dilate, elle triomphe à son tour, plus facilement des obstacles immatériels.

La division du travail fait donc acquérir plus de force. C'est encore un avantage à joindre aux précédents.

Mais nous n'avons pas encore passé en revue touts les avantages de la spécialité des occupations. Comme chaque transformation que l'on fait subir à la matière exige un outil différent, à mesure qu'il approche de l'état de produit complet, il en résulte que le changement perpétuel d'outils devrait nécessairement donner lieu à une perte considérable de temps, si ce produit existait par le travail d'un seul homme. Si le cloutier extrayait le fer, s'il présidait lui-même à toutes les préparations par où ce métal passe, avant d'arriver à l'état de fer en barres, si, seul il divisait ces barres, et que seul, il appliquât toutes les formes qu'exige la confection du clou, il n'atteindrait pas la millième partie de sa production actuelle. Indépendamment des autres circonstances qui entraveraient le cours de ses travaux, il perdrait un temps considérable, par le changement continuel d'outils.

La division du travail n'exigeant pas le changement d'outils, procure une grande économie de temps. C'est un avantage que nous ajoutons à ceux que nous avons déjà signalés.

Nous dirons en résumé, que la séparation des occupations favorise les découvertes, qu'elle fait trouver les procédés expéditifs, acquérir la dextérité et l'habileté; qu'elle développe nos forces physiques et nos facultés morales, les prédispose à triompher plus facilement d'un obstacle déterminé; qu'elle fait éviter, enfin, la perte du temps. Ces cinq conséquences sont très-favorables à la production à bon marché et y concourent puissamment.

Smith cite un exemple frappant des facultés productives de la division du travail. Il établit que le fil de laiton passe par les mains d'environ dix-huit ouvriers avant d'arriver à l'état d'épingle. C'est un homme, dit-il, qui passe le fil à la filière, c'en est un autre qui le redresse, un troisième le coupe, un quatrième y fait la pointe, un cinquième l'émoud à l'autre extrémité; l'application de la tête exige deux ou trois opérations distinctes; la poser, la blanchir, la mettre dans du papier, sont autant de métiers particuliers.

Le même Smith raconte qu'il a visité une petite manufacture d'épingles, assez mal outillée, qui n'occupait que dix hommes, et qui produisait quarante-huit mille épingles par jour, ou quatre mille huit-cents pour chacun des dix ouvriers. Or, si chaque ouvrier s'était occupé à fabriquer, à lui seul, des épingles, il n'en aurait peut-être pas fait vingt.

Smith est mort en 1790, il est probable que le métier d'épinglier ne sera pas resté stationnaire depuis cette époque, il est donc à supposer que la différence, résultant de la division du travail, est encore plus considérable de nos jours.

Mais, toutes les industries ne sont pas susceptibles de recevoir, au même degré, l'application de la division du travail, il en est auxquelles la nature impose certaines limites. Les saisons dictent au cultivateur l'emploi de son temps, la pratique d'un seul ouvrage spécial ne remplirait pas les heures de travail de l'ouvrier aux champs : on ne sème qu'à certaines époques déterminées par la nature, le faucheur ne peut se livrer entièrement à ses travaux que pendant une certaine période. Cependant le cultivateur expérimenté applique la division du travail dans les limites du possible. C'est ordinairement le même garçon de ferme qui soigne les chevaux, qui les conduit, qui exécute les travaux où l'emploi de ces animaux est nécessaire; c'en est un autre qui soigne le bétail, un autre qui sème. L'agriculture a ses ouvriers faucheurs, ses faneuses, ses sarcleurs; ce sont les mêmes femmes qui traient le lait et qui le travaillent.

Cette suprême volonté de la nature, qui dicte à l'ouvrier agricole l'emploi de son temps, explique les progrès ordinairement lents de l'industrie des champs, comparativement à ceux de l'industrie manufacturière, à laquelle la séparation des occupations est plus généralement applicable.

La division du travail est applicable, jusqu'à un certain point, aux arts. Euterpe, Erato, Polymnie et Calliope ont leurs disciples, Thalie, Melpomène et Terpsichore ont les leurs; nos poëtes, comme nos artistes dramatiques ont leurs genres; leurs talents sont spéciaux. Talma arrachait des larmes à l'homme le plus jovial; Pottier faisait rire le plus sérieux anglais; on leur jetait à touts deux, des couronnes de fleurs, et si cependant ces célébrités artistiques avaient changé de rôle, on leur aurait peut-être jeté tout autre chose. Il est évident qu'indépendamment de l'organisation heureuse de ces deux artistes, ils devaient, au moins, une partie de leur talent, à la division du travail, à leur application constante au même genre; touts deux sont arrivés, par des chemins différents, à charmer un public qui les regrette.

Si nous appliquions ce même raisonnement aux peintres, aux musiciens, nous aboutirions nécessairement aux mêmes conclusions.

Nous avons déjà eu occasion de signaler les motifs qui permettent à l'industrie anglaise de donner à ses établissements des proportions colossales, ces mêmes motifs permettent à l'industriel de cette nation de recueillir, dans toute leur plénitude, les avantages résultant de la division du travail. C'est à ces considérations qu'il convient d'attribuer, au moins partiellement, les innovations productives qui surgissent dans ce pays, et le bon marché général de ses produits, qui donnent au négociant anglais le pouvoir de faire une concurrence redoutable, sur tous les points du globe, à la plupart des productions similaires des autres peuples. Cela nous montre, comment l'extension plus ou moins forte des débouchés dont une nation dispose, a de l'influence sur le prix de revient de ses fabricats; cette considération est digne de remarque, elle explique tout l'intérêt qui s'attache à la question des exportations, question importante, et qui exige la plus grande sollicitude de la part de l'homme d'état.

Il n'est pas rare de voir dans les grands centres de populations, certains états se subdiviser. Le tailleur de province nous fera habit, veste et culotte. A Paris, au contraire, chacun de ces vêtements a ses ouvriers, ses magasins spéciaux, aussi avons nous pu remarquer, que les objets d'habillement confectionnés à Paris sont les plus recherchés par le monde fashionnable.

Les grands centres commerciaux nous offrent les mêmes effets à signaler, sous le rapport du commerce, nous y trouvons des maisons de premier ordre, s'adonnant exclusivement au commerce d'un seul article. Londres a des établissements qui se bornent à l'exploitation du commerce de thé, d'indigo, etc, nous y trouvons des bâtiments qui ont l'importance d'un de nos hôtels de gouvernement, entièrement consacrés au commerce de cirage. Ceux qui fréquentent les grandes villes, ont dû s'apercevoir que ces commerces spéciaux offrent à la consommation le bon, à bon marché.

Dans les petites localités, dans les villages surtout, la population limitée exige souvent qu'un seul individu exerce plusieurs professions. La boutique y est universelle; l'épicier est en même temps marchand de drap et de clous, fabricant de chandelles et libraire; son commerce s'étend de l'épingle au canon, sa marchandise est généralement détestable et ses prix élevés.

Il n'est pas extraordinaire de voir le même individu cumuler, dans les villages, les fonctions de barbier, de maître de danse et de garde champêtre; inutile de dire que les champs sont mal gardés, la pratique à demi rasée, et que les élèves qu'il forme sont loin d'être des Vestris.

Smith ne voit aucun inconvénient attaché à la division du travail, aucun résultat qui puisse en atténuer les avantages, du moins il n'en signale aucun. Say, au contraire, voit un revers à la médaille: il pense, que cette incapacité pour plus d'un emploi, rend plus dure, plus fastidieuse et moins lucrative, la condition des travailleurs. L'ouvrier, dit-il, qui porte dans ses bras tout un métier, peut aller partout exercer son industrie, et trouver les moyens de subsister; l'autre n'est qu'un accessoire qui, séparé de ses confrères, n'a plus ni capacité, ni indépendance; il se trouve forcé d'accepter la loi qu'on juge à propos de lui imposer.

Voyons si ce raisonnement est bien fondé : nous ne le pensons pas. Dans l'organisation actuelle du travail, organisation à laquelle l'intérêt productif a présidé, la division du travail est pour ainsi dire générale, un ouvrier possédant, au bout de ses doigts, une bonne spécialité, est toujours recherché; sa position est plus assurée que celle d'un autre qui, versé dans deux ou trois parties, n'en connaît aucune à fonds. La dextérité rend, au contraire, la position de l'ouvrier plus indépendante. Il sait toujours où aller; les industriels le recherchent. Combien de fois ne voit-on pas des fabricants, dépenser une certaine somme d'argent, dans le seul but d'attirer, dans leurs ateliers au détriment d'un confrère, un ouvrier qui n'a d'autre mérite, que celui de savoir mettre, à propos, une pelletée de charbon, sous la chaudière d'une machine à feu? Combien de fois ne voit-on pas certains industriels, employer, dans le même but, des moyens que la délicatesse répudie, et avoir recours à l'embauchage ?

Quant à l'incapacité qui, pour d'autres travaux, pourrait résulter de la séparatiou des occupations, elle nous semble peu redoutable. Nous ne voyons pas d'inconvénient sérieux à ce que le procureur ne connaisse pas l'état de menuisier, nous en voyons, Dieu merci, encore moins, à ce que le menuisier ne sache pas faire le procureur !

L'homme, à quelque état qu'il appartienne, quel que soit le rang qu'il occupe dans la société, trouve toujours, dans les heures consacrées à la récréation, quelques instants qu'il peut consacrer à acquérir les connaissances que sa propre dignité exige qu'il possède. Le travail manuel peut faire passer agréablement les heures de récréation de l'homme de loi, comme l'étude peut remplir celles de l'ouvrier. Pierre-le-Grand, qui présidait aux destinées d'un vaste empire, se délassait en faisant les moules de ses vaisseaux; les bons ouvriers de Paris se récréent en suivant les cours du baron Dupin.

CHAPITRE XVI.

De la production immatérielle. — Produits immatériels. — Les prêtres. — Les juges. — Les médecins. — Les avocats. — Les administrateurs. — Les artistes considérés sous le point de vue productif.

Il est dans l'organisation sociale, certains membres de la société qui, quoique ne produisant rien de matériel, sont cependant d'une nécessité indispensable, et qui reçoivent soit un traitement, soit un salaire pour les services qu'ils rendent. Tels sont les prêtres, les juges, les médecins, les avocats, etc.

En effet, le prêtre nous guide par ses conseils, nous instruit par sa doctrine, mais ne produit rien de matériel. Ses salutaires avis, passant de sa bouche dans les oreilles de son auditoire, pour ne plus en sortir.

Le juge rend la justice, son arrêt n'intéresse que les parties, il nous laisse dans la possession de notre bien, s'il est loyalement acquis, il ne l'augmente pas; l'arrêt qu'il rend est instantanément consommé et ne saurait l'être que par les parties intéressées.

Quoiqu'il soit généralement de bonne compagnie, nous ne recherchons pas la société du médecin, pour son métier; nous le recevons volontiers, cependant, en cette qualité, alors que nous sentons qu'il peut nous être utile, que son art peut nous rendre la santé ; nous consommons, nous-mêmes, l'avis qu'il nous donne, sans qu'il nous soit possible de le transmettre à un autre.

Nous hantons, avec plaisir, l'avocat comme homme, mais le moins possible comme plaideur ; cependant, ses services nous sont utiles, lorsque nos intérêts nous font un devoir de le consulter. Son conseil est instantanément consommé ; il ne saurait avoir aucune valeur pour un autre.

Nous appliquerions le même raisonnement aux administrations, aux titulaires de fonctions quelconques et aux artistes dramatiques.

Nous ne pouvons nier que la société n'éprouve le plus grand besoin de ces hommes divers : que serait la société sans religion, sans législature ? A coup sûr elle périrait. La religion et la législation sont donc d'une indispensable nécessité. Or, ces deux fondements de la société exigent des prêtres, des magistrats, des jurisconsultes. Quant aux disciples d'Esculape, ceux mêmes qui insinuent méchamment que les médecins sont les sergents recruteurs de l'éternité, réclament le secours de leur art, dès que leur santé chancelle.

Smith refuse, aux produits de ces diverses facultés la qualité productive, par le motif que leur produit, ou le fruit de leur travail, n'a point d'existence, qu'il n'est point susceptible de se conserver. Say, au contraire, combat cette opinion, il soutient que les travaux de cette classe de citoyens est productif. Il les appelle *produits immatériels*.

Tout produit, quel qu'il soit, n'a de valeur que parce qu'il peut être consommé ; celui auquel cette qualité manquerait n'aurait point de valeur. Or, les produits de cette classe d'hommes dont nous parlons, peuvent être consommés ; ils ne se distinguent des autres que parce qu'ils doivent être consommés instantanément ; qu'ils ne laissent à l'acquéreur aucune latitude ; cette considération nous fait comprendre, qu'on ne saurait les accumuler. Néanmoins nous sommes forcés de reconnaître que ces produits ont au moins une des conditions qui caractérisent les richesses ; il leur manque la matière, donc ils sont immatériels de leur nature. Cette dénomination, que nous devons à Say nous semble entièrement justifiée.

Les produits des chanteurs, des musiciens, des artistes dramatiques, des danseurs, sont aussi immatériels, les oreilles et les yeux les consomment à mesure qu'ils sont créés. Les artistes de mérite parviennent souvent à faire des fortunes qui peuvent être mises en parallèle avec celles des plus heureux industriels? C'est là une preuve irrécusable, selon nous, de leur pouvoir productif.

Remarquons, du reste, que les productions des artistes se placent librement, leur valeur s'établit, comme celle des choses matérielles, par l'évaluation contradictoire, en ce sens, que celui qui ne veut pas se soumettre au paiement de la carte d'entrée à un concert, est parfaitement le maître de rester à la porte ou d'aller prendre ses ébats ailleurs. De même que ceux qui ne veulent pas se soumettre au paiement qu'exige le boutiquier en échange d'un objet, s'ils jugent que cet objet ne vaut pas le prix demandé, ou bien s'ils pensent pouvoir mieux utiliser leur argent, ne sont pas obligés de l'acheter. L'artiste n'impose pas une contribution, mais il a le droit de réclamer une rétribution en retour des agréments dont il fait jouir son public.

Supposons deux individus, l'un mélomane achetant pour fr. 5 le droit d'assister à un concert. Supposons-en, un autre, gastronome, sacrifiant une pareille somme à souper dans un restaurant. Si l'on soumettait à un économiste la question de savoir lequel des deux, a fait le meilleur marché, il est probable qu'il répondrait que celui qui a assisté au concert a fait un bon marché et que celui qui s'est régalé n'en a pas fait un mauvais. En effet l'un a consommé un produit immatériel de sa fantaisie, l'autre un produit matériel qui lui allait mieux que la musique. Pour nous, nous dirons, il ne restait à l'un, à la sortie de la salle du restaurant que l'arrière-goût de son souper, comme il ne restait à l'autre que l'arrière-goût de la musique. Il n'y a, entre eux, qu'une seule chose de parfaitement identique, c'est que touts les deux ont dépensé leur pièce de cinq francs, et que touts les deux sont parvenus à se divertir, par des moyens différents : l'un en entendant, l'autre en mangeant. Mais si la même question était posée au mélomane et au gastronome, elle recevrait nécessairement une tout autre solution.

Ce sont donc les goûts particuliers qui décident des consommations, et ce qui paraît n'avoir aucune valeur pour l'un en a une positive pour l'autre.

Les historiens qui ont rendu compte des mœurs et usages des anciens Grecs, nous apprennent que la gymnastique et l'art musical étaient en grand crédit chez ce peuple; la première prédisposait la jeunesse au goût des armes, le dernier contribuait à adoucir les mœurs et disposait les hommes à remplir les obligations sociales.

Nous devons convenir que cet élan musical que nous remarquons partout est susceptible de produire de bien grands effets, nous devons applaudir de toutes nos forces, surtout quand nous voyons la classe ouvrière renoncer à ses anciennes habitudes ignobles et vicieuses, pour aller entonner en chœur le chant de la patrie; soyons donc touts d'accord sur ce point. Que les gouvernements encouragent les sociétés de musique et de chant, que les hommes influents les soutiennent de leurs sympathies, de leurs applaudissements et soyons persuadés qu'indépendamment du bénéfice qui en résultera pour les mœurs, les ouvriers qui auront chanté la veille, travailleront le lendemain, produiront mieux que ceux qui auront passé leur temps en débauche.

Les produits immatériels ne pouvant, de leur nature, être accumulés, puisque leur consommation succède instantanément à leur création, il en résulte, que les produits de cette nature ne sont pas susceptibles d'accroître le capital de la société en général. Un chanteur qui se retire, avec le produit de la recette d'un concert se trouve nanti, il est vrai, d'une somme qu'il ne possédait pas quelques heures auparavant, mais cette même somme manque aux personnes qui composaient son auditoire, il n'y a donc eu, que transposition de valeur. En considérant la production immatérielle sous un autre point de vue, nous remarquons, qu'une nation qui compte beaucoup d'artistes, s'enrichit, quelquefois, au détriment d'autres nations. La Belgique, eu égard à sa population, est peut-être le pays qui compte le plus d'artistes de mérite, exécutants. Ces fortunes si loyalement acquises des Bériot, des Vieuxtemps, des Blaes, des Servais, des Demunck et de tant d'autres artistes belges, font partie de la richesse nationale, elles représentent, partiellement, au moins, l'échange de produits immatériels placés à l'étranger. L'artiste non plus, ne vit point de rapines, ceux qui lui ont donné leur or, qui l'ont vu partir avec regret, qui le rappellent de leur vœux, prononcent encore son nom en souriant : leur ouïe naguère touchée, semble jouir encore de ces accords harmonieux et ineffables qui ont le pouvoir enchanteur d'enlever, de transporter tout un auditoire.

Il est incontestable qu'indépendamment de la gloire que recueillent les artistes, gloire qui rejaillit toujours sur la patrie, l'égoïsme national y trouve son compte. Nos conservatoires de musique sont donc bons à quelque chose.

La société réclame incontestablement le concours des administrateurs; une bonne administration est, pour la production, toute de faveur, mais une complication inutile est entravante; elle arrête le cours naturel des affaires et porte ses mauvais fruits. N'oublions pas que l'administrateur estbudgétivore, qu'il mange auratelier de l'industrie; que les sinécuristes sont, pour elle, des chevaux de luxe dont elle peut, disons mieux, dont elle doit se passer.

Le besoin même, règle le nombre des médecins; on ne se fait point malade pour faire vivre ces messieurs. Le médecin qui sent qu'il est de trop, seretire, embrasse un autre état. Les gouvernements ne les salarient pas, ils se bornent à proclamer médecins ou chirurgiens les titulaires qui justifient de la possession des connaissan ces exigées. Nous n'avons donc pas à nous en occuper davantage.

Nous en dirons autant des jurisconsultes. On n'intente pas un procès pour se donner l'agrément d'entendre plaider, ou de payer à souper aux avocats qui se seront bien chamaillés le matin. C'est encore le besoin qui en détermine le nombre; mais les lois inutilement compliquées en font surgir des masses, et nous y gagnons, comme le dit Say, de plaider plus souvent et plus longtemps.

Une complication inutile de lois est donc pernicieuse. Non-seulement elle fait durer les procès, mais elle alimente la mauvaise foi de cette sorte de gens qui sont naturellement déloyaux et cupides.

CHAPITRE XVII.

De la transformation des capitaux. — Diverses transformations subies par les capitaux pendant le cours d'une opération industrielle. — Elles sont ordinairement productives.

Lorsque nous nous sommes rendu compte du rôle que jouent dans le mécanisme de la production, les valeurs antérieurement créées, nous avons distingué deux espèces de capitaux : l'une, comportant la valeur des objets qui ne subissent, pendant la période de la production, aucune transformation, qui ne sont soumis à d'autres altérations qu'à celles qui résultent du temps et de l'usé ; la consommation de ces valeurs, naturellement lente, dépend nécessairement de leurs qualités inhérentes, qui les rendent plus ou moins accessibles à l'effet destructeur du temps. Mais ces objets finiraient cependant par se consommer, si la main de l'homme ne réparait, en temps utile, les dégradations causées par l'action de l'air, du vent, de la pluie, ou celles qui proviennent d'un usage plus ou moins fréquent. C'est, d'après ces considérations, que nous avons appliqué à cette partie du capital, la dénomination de capital productif fixe.

L'autre espèce comporte la valeur de choses antérieurement créées qui se consomment pendant la période de la production, qui ne laissent derrière elles aucune trace de leur existence, mais qui, après un certain temps, reparaissent sous d'autres formes. Nous l'avons appelée capital productif roulant.

Nous avons cru utile d'établir cette distinction alors, afin de signaler à l'homme d'état les conséquences destructives des mesures qui atteignent l'industrie, dont le capital productif est essentiellement fixe. Voyons maintenant comment les capitaux, en général, se consomment et se reproduisent.

Afin de nous rendre plus intelligible, nous aurons recours à des suppositions que nous choisirons parmi les choses possibles; nous suivrons, pas à pas, l'industrie dans tout son cours et nous tirerons nos conclusions des phénomènes que constatera notre examen.

Supposons un Robinson d'un nouveau genre, plantant son drapeau sur une île déserte, dont la nature sauvage n'a subi aucune altération de la part de l'homme. Cette nouvelle terre représentera nécessairement la reproduction plus ou moins avantageuse de la consommation qu'a exigée le voyage explorateur de notre aventurier; il aura acquis un fonds de terre. Les premiers soins de notre heureux voyageur dériveront naturellement de son instinct conservateur, il se créera, pour lui et ses compagnons de voyage, un gîte, dans lequel ils pourront s'abriter, se soustraire aux intempéries de l'air.

En se construisant un refuge, ils exécuteront, sur la terre trouvée, une première opération productive, qui augmentera nécessairement la valeur de la découverte, de tout le travail qu'aura nécessité la construction dont il s'agit. Mais la nature sauvage du sol exigera, avant la mise en culture, certains travaux de défrichement : deuxième travail productif, qui viendra ajouter à la valeur de la conquête. Ces travaux et touts ceux qui suivront et qui disposeront le sol à un état de culture praticable, constitueront-ils des dépenses, des frais perdus, une consommation improductive? Certainement non. Le fonds de terre aura augmenté de valeur, en raison des travaux exécutés et à mesure qu'ils auront rapproché le sol de cet état que réclame sa qualité productive. La terre acquise, les travaux accomplis, représenteront la valeur du fonds de terre, et une partie du capital productif fixe; et si ces travaux ont été conduits avec intelligence, nous devons admettre que la valeur créée dépassera celle qui a été consommée.

Supposons que l'île, jadis déserte, se peuple, que nous fassions partie de sa population et qu'entre Robinson et nous intervienne une transaction par laquelle nous devenions propriétaire d'une partie du sol en question et des constructions qu'il porte; que Robinson aille défricher ailleurs, emportant avec lui notre argent.

Arrêtons-nous un moment, et rendons-nous compte de ce qui est arrivé.

Notre position, à nous, n'a pas changé. Nous sommes devenu propriétaire foncier, mais, nous nous sommes librement déssaisi d'une partie de notre numéraire, en échange de la propriété que nous avons acquise; notre fortune n'a donc subi aucune fluctuation. Mais, en comptant ses espèces, Robinson s'aperçoit qu'après qu'il aura acquitté les frais de son expédition, il lui restera un excédant de valeur. Sa fortune aura donc fait un pas progressif. A quoi attribuer ce surcroît de bien-être? Nous a-t-il surpris, volé? Non. Nous sommes satisfait de notre marché. Robinson a été aussi content de nous que nous de lui; nous nous sommes donné l'accolade en nous quittant; il ne doit cette amélioration qu'à son industrie. Son capital, qui primitivement avait changé de forme, a repris son ancienne nature, mais s'est accru dans le cours des transformations qu'il a subies.

L'exploitation des travaux champêtres, auxquels nous allons nous livrer, exigera la possession de choses déjà créées, d'instruments, d'outils qui constitueront notre capital productif fixe, ces instruments aratoires ne se consommeront, ainsi que notre gîte, qu'à la longue; ils se maintiendront dans la même position de valeur, si nous avons soin de les entretenir convenablement et de remplacer ceux que l'usé pourrait avoir mis hors d'usage.

Mais, indépendamment de ces matières, il nous en faudra d'autres aussi indispensables, qui constitueront notre capital productif roulant. Nous aurons à étudier les propriétés naturelles du sol, du climat; à découvrir leur vertu productive, et le résultat de nos investigations nous dira, quelles semences, quelles plantes, quel engrais, quel bétail sont compatibles avec le propriétés naturelles de notre acquisition. Il nous faudra encore une certaine valeur en numéraire, pour payer le salaire de nos ouvriers; il nous faudra des provisions de bouche, des vêtements. Tenons note de ces objets, et supposons que notre caisse contienne trois mille francs.

Remarquons que nous arrivons ici à la position de l'industriel exploitant, du cultivateur qui commence sa culture. Faisons un pas dans l'avenir et constatons les changements survenus : nous trouvons que nos provisions de bouche ont diminué; que nos vêtements et nos instruments aratoires ne sont plus neufs, qu'ils ont subi une légère et presque imperceptible altération qu'il convient néanmoins de constater; nous n'avons plus de semence, plus d'engrais, notre coffre-fort est presque vide. Mais toutes ces parties du capital roulant, qui ont disparu, sont-elles bien positivement consommées? Elles le sont en effet, ou plutôt, elles ont changé de nature, elles se trouvent confondues, avec le fruit de notre industrie, dans cette végétation que nous apercevons en promenant nos regards sur nos champs jadis vierges.

Au second pas que nous ferons, d'autres phénomènes se présenteront à notre examen, nos instruments aratoires, nos vêtements auront subi une nouvelle dépréciation. Nos provisions seront plus réduites, nous éprouverons, peut-être, un moment d'humeur à l'aspect de notre coffre-fort, dont nous apercevrons le fond, mais en revanche, notre voirie ne sera plus veuve d'engrais, nos bœufs auront acquis plus d'embonpoint, nous trouverons nos étables plus peuplées et nos champs seront couverts d'épis dorés qui tomberont bientôt sous la faucille du moissonneur.

Puis, nos granges sont combles, notre bétail a doublé de volume, le commerce s'en empare et nous laisse son or. Nous restaurons notre habitation, nos granges, nos étables, nos instruments aratoires, nos vêtements champêtres, nous remplaçons ceux qui ne peuvent plus nous servir et notre physionomie devient rayonnante en présence du coffre, jadis vide. Tout se trouve dans son ordre primitif, le semoir, la fosse au fumier sont combles : une chose, cependant, nous frappe. Nous possédons plus de monnaie qu'autrefois, notre coffre, au lieu de trois mille francs, en contient six mille.

A quoi devons-nous cette prospérité? Avons-nous, comme certains fariniers, vendu de l'orge pour du froment? Dieu nous en garde. Nous avons été loyal dans nos transactions, nous dormons tranquille; notre conscience ne nous reproche rien. Qui a donc perdu ce surcroît de numéraire? nous n'avons dévalisé personne : le marchand s'est retiré satisfait, promettant sa visite après la récolte prochaine.

Nous devons donc, comme Robinson, la nouvelle richesse créée, à notre industrie, aux transformations consécutives de notre capital par le travail des agents naturels.

Le raisonnement que nous venons de faire, n'est qu'une formule générale, également applicable à l'industrie manufacturière comme à l'industrie commerciale. Les mêmes causes produiront toujours les mêmes effets. Au lieu de semer, le fileur dispose son coton ; l'eau, le vent, ou la vapeur anime ses broches. Au lieu d'épis, il récolte du fil.

Nous voyons donc, de quelle manière les capitaux se consomment et se reproduisent. Remarquons, en passant, combien cette partie du capital roulant, représentée par la monnaie, mérite bien sa dénomination de marchandise de circulation. En effet, elle circule toujours, elle devient, successivement, la propriété de personnes revêtues des plus antipathiques caractères. Si la pièce de cent sous savait parler, s'il lui était possible de raconter son histoire, combien son auditoire ne surpasserait-il pas celui de nos plus illustres orateurs! On a écrit l'histoire d'une épingle, combien celle de la pièce de cent sous serait plus curieuse! dans quelles transactions n'est-elle pas intervenue! dans quelles mains n'a-t-elle pas passé ! combien de fois n'a-t-elle pas récompensé le travail, la fidélité, le dévouement! mais combien de fois aussi, son ministère a-t-il été tout de honte, de trahison et d'opprobre !

Nous avons vu comment les capitaux se consomment et se reproduisent dans l'industrie créatrice des produits matériels. Passons maintenant à la transformation que subissent les capitaux dans la production immatérielle.

Le père de famille, qui sacrifie une certaine somme en élevant son enfant et en lui donnant une éducation, fait un placement à fonds perdu sur la tête et au profit de ce dernier, ce qui lui tient lieu de capital productif, c'est-à-dire, que la somme de toutes les dépenses, tant pour l'entretien de l'enfant, que pour subvenir aux frais de son éducation représente un capital, placé en viager, sur sa tête et à son profit. Le capital est bien ou mal placé selon l'intelligence de l'enfant et les peines qu'il se donne; s'il sait apprécier les sacrifices que l'on fait en sa faveur, il en profite; s'il n'en profite pas, il en est la première victime, il sert mal ses intérêts, il manque à son devoir, et celui du père de famille se trouve accompli. Nous admettons donc que l'enfant a fait des études solides; s'il devient prêtre, avocat ou médecin les honoraires qu'il percevra reproduiront nécessairement, dans un certain laps de temps, le capital sacrifié à son entretien, à son éducation, avec des intérêts viagers, lequel capital est ordinairement moins important que celui qu'exige l'exercice d'une industrie capable de fournir un revenu, ou bénéfice annuel de la même importance. Ceci explique, pourquoi les positions de notaires, de juges, d'administrateurs, en général, sont toujours recherchées, elles donnent un revenu à peu près assuré, tandis qu'elles échappent aux catastrophes auxquelles sont exposés les industriels. Un notaire, par exemple, ne court guère d'autre risque, que celui de .... *s'enrichir*.

Si nous descendons dans les conditions moins élevées de la société, nous découvrons la même chose. Tout le monde, l'individu le plus pauvre a coûté un certain capital dont ses parents, ou d'autres, ont fait le sacrifice, jusqu'au moment où ses facultés ont acquis assez de développement pour qu'il pût se suffire à lui même.

Il arrive, que l'homme qui produit immatériellement, consomme lui-même sa production; dans ce cas, son salaire est représenté par l'agrément qu'il se donne. Le musicien-amateur, qui s'enferme dans sa chambre et s'écoute chanter, est, à la fois, producteur et consommateur; cette partie de capital qui a été sacrifiée à l'acquisition de son art, est reproduite en agrément. S'il admet des amis, s'il chante en présence d'autres personnes, il a le plaisir de divertir sa société à petits frais. C'est un don qu'il fait, proportionné à l'étendue de son talent.

Mais, le capital dont il s'agit, se subdivise en deux parties bien distinctes; la première comporte les frais de nourriture, d'habillement, d'entretien en général, jusqu'à ce que l'enfant soit en âge de subvenir à ses propres besoins; la seconde, comporte les frais de l'éducation.

Nous reconnaissons donc, que le capital entier, placé à fonds perdu sur la tête des enfants n'offre aucune donnée juste; son importance varie, et dépend nécessairement 1.° de la condition dans laquelle l'enfant est élevé 2.° de l'éducation plus ou moins complète qu'il reçoit. Remarquons que les traitements, les honoraires, les salaires que perçoivent les hommes en général, représentent communément, non un intérêt simple, mais un intérêt viager sur la somme sacrifiée, et qui s'accroît, ordinairement, à mesure que l'homme avance en âge, sans toutefois dépasser certaines bornes.

En effet, l'ouvrier qui a été élevé dans une condition modeste, n'a fait mettre hors qu'un petit capital; s'il a travaillé, étant encore enfant, son salaire, d'abord insignifiant, se sera insensiblement accru, jusqu'au moment où il aura atteint l'importance du salaire que l'on accorde à l'ouvrier fait.

L'ouvrier qui, indépendamment de son alimentation, a reçu quelque instruction, a nécessairement fait mettre hors un capital moins insignifiant; aussi voyons-nous que le salaire qu'il perçoit est généralement plus élevé que celui du manœuvre.

Plus nous monterons vers les hautes régions de la société, mieux nous constaterons ces faits. L'éducation d'un juge a nécessité une dépense plus considérable que celle d'un ouvrier; aussi les appointements du premier sont-ils plus importants que le salaire du dernier. Le président, qui est ordinairement un ancien juge promu, perçoit un traitement plus important que le juge ordinaire, et ainsi de suite, et l'on comprend que si les choses ne se passaient pas ainsi, on ne trouverait point de parents qui voulussent faire les frais de l'éducation qu'exige cette carrière. Observons aussi, que le salaire de l'ouvrier ne saurait baisser au-dessous d'une certaine limite. Il faut que le prix de son travail puisse, au moins, subvenir aux premiers besoins de son ménage; il faut qu'il puisse tout au moins nourrir sa famille, autrement, cette classe de producteurs finirait par s'éteindre.

CHAPITRE XVIII.

Des capitaux improductifs. — Ce que l'on entend par capital improductif. — Les trésors enfouis. — Effets des troubles politiques sur l'industrie. — Les meubles. — Les tableaux.

En observant attentivement les créations de l'industrie, nous nous apercevons, sans peine, qu'elles sont subdivisées en deux catégories : l'une comprenant les choses susceptibles de consommation reproductive; l'autre comprenant les objets de nécessité ou de pur agrément qui, quoique n'étant pas appelés à produire, sont cependant d'une rigoureuse nécessité, satisfont nos besoins, nos goûts, nos fantaisies.

D'après cette définition, nous rangerons, dans la première catégorie, les créations qui constituent les capitaux productifs des industries; dans la seconde, les mobiliers, les objets d'emménagement, l'argenterie, les parures, les ornements d'églises, les statues, les tableaux et généralement toutes les choses analogues, qui, quoique nécessaires jusqu'à un certain point, quoique capables de nous impressionner, de faire éclore en nous de beaux sentiments, ne concourent pas, d'une manière directe, à la production. Nous leur appliquons, à cause decette incapacité, la dénomination de *capitaux improductifs*.

Nous reconnaîtrons, en principe, que, plus la richesse générale d'une nation renfermera d'objets appartenant à la première catégorie, moins elle en comptera de la seconde, plus elle sera dans des conditions favorables de production. Si cependant ce raisonnement était poussé jusqu'à ses extrêmes limites, si l'on supposait la première catégorie absorbant complètement la seconde, il en résulterait un mal: la société ne jouirait pas de ses richesses, alors il lui serait inutile d'en créer de nouvelles, elle tomberait infailliblement dans la position de l'avare qui se prive de tout, qui se laisse mourir d'inanition afin d'être plus riche. Il est donc rationnel d'admettre qu'elle ne dispose pas de toutes ses ressources dans un but productif, qu'elle en destine, au moins une partie, à ses besoins, même à ses plaisirs.

Nous admettrons qu'une certaine partie du capital de toute nation peut, et doit même, recevoir une application improductive.

L'importance relative des ressources, dont chaque individu dispose, doit nécessairement régler quelle part de son capital il peut détourner de la production, pour l'appliquer à l'acquisition des commodités domestiques et à l'agrément de la vie. Celui qui se conforme à ces préceptes, n'est ni avare ni prodigue, il est économe, et rien n'est plus louable que l'économie.

Mais tout en admirant cette vertu convenablement pratiquée, nous la détestons, lorsque, poussée à l'excès, elle dégénère en vice. L'économie dans sa bonne acception, est toujours relative à une fortune particulière. Les richesses d'un prince peu opulent, paraissent, aux yeux de l'artisan, un véritable trésor de Crésus, comme le souper d'un roi frugal serait pour l'ouvrier un vrai festin de Baltazar. Le bon sens des uns et des autres leur indique où commence et où finit, pour chacun d'eux, l'économie. Un roi ne peut pas vivre en bourgeois et un bourgeois ne doit pas vivre en roi.

L'économie et la frugalité, dans leur bonne acception, sont de véritables richesses, l'homme qui a peu de besoins est toujours assez riche: si la fortune l'éprouve, il est moins malheureux. D'ailleurs la libéralité des gens riches, qui veulent être réellement heureux, ne consiste pas dans la satisfaction démesurée de leur propre bien-être matériel, ils dépensent plus agréablement leur superflu en contribuant au soulagement du malheureux, et si la fortune les abandonne un jour, ils ont, au moins, dans leur malheur, la consolation d'avoir fait le bien, et ils n'éprouvent d'autre regret, que celui de ne pouvoir plus en faire. Quant à leur existence matérielle, accoutumés à une vie modeste, ils n'ont point d'apprentissage à faire. Nous avons vu des princes malheureux vivre en bourgeois dans leur exil, descendre à la condition de négociant ou à celle de maître d'école, comme nous avons vu des barons émigrés pouvant se suffire en faisant des cartonnages.

Nous avons comparé l'argent à une huile bienfaisante qui facilite les rouages de l'industrie. Mais pour qu'il soit utile, il ne doit pas être enfoui; il devient, dans cet état, un capital mort, un capital improductif;

non seulement il ne produit rien à son propriétaire, mais il empêche l'industrie de le faire fructifier. L'enfouissement d'un trésor porte donc deux mauvais fruits, et la société a un double motif de se montrer sévère, dans ses jugements, envers ces hommes maniaques qui entassent piles sur piles et qui semblent craindre que la lumière, en pénétrant dans leurs coffres, n'y commette quelque larcin.

Le capitaliste est craintif de sa nature ; son capital est l'objet de tous ses soins, mille francs qui ne sont pas sûrement placés, le rendent quelquefois, plus malheureux que les dispositions peu rassurantes d'un de ses enfants. Son capital, c'est sa maitresse, l'objet de touts ses soins ; et combien de fois n'entendons-nous dire : *J'ai épousé vingt mille livres de rente.* Souvent on ne fait aucune mention de la femme, il semble que la possession de l'épouse soit, pour certains maris, la condition onéreuse du contrat de mariage.

On est attaché à ce que l'on aime, et il est naturel que l'on mette en lieu de sûreté, ce que l'on croit exposé. Les circonstances peuvent donc légitimer, quelquefois, le retrait des capitaux. Rien n'exerce plus d'impression sur l'esprit du capitaliste, que des bruits de guerre ; il voit les événements au travers d'un microscope ; tout lui apparaît sous des formes exagérées. Au moindre incident diplomatique, il croit entendre gronder le canon, il lui semble voir le monde en feu, son pays envahi et sa demeure transformée en caserne.

La terrible influence des troubles politiques sur l'industrie s'explique ainsi naturellement. L'émeute fait disparaître les capitaux, met l'industrie aux abois et compromet le pain de l'ouvrier.

Ils sont bien stupides ceux-là qui travaillent à miner un édifice, dont l'éboulement doit les écraser! Tel est cependant le rôle de l'ouvrier qui, se laissant égarer par de misérables discours, vient grossir les rangs de l'émeute : il en est la première victime, il n'a même aucune part aux débris! Grâce à l'instruction et à la civilisation qui pénètrent dans toutes les classes, le véritable ouvrier comprend que la loi sauve-garde ses droits, comme ceux du plus illustre seigneur; il soutient de son bras vigoureux l'édifice social, il comprend la marche légale, et si, parfois, un nuage vient rembrunir sa position, il a confiance dans l'avenir, et dans les lumières de ceux que son suffrage a chargés du lourd fardeau gouvernemental.

Parmi les capitaux improductifs, nous avons mentionné les meubles; leur utilité cependant est incontestable, le degré de luxe dont ils sont ornés, doit, dans une société sage, dépendre des moyens de fortune des possesseurs. Quoique ne produisant rien matériellement, les meubles néanmoins ont la propriété de produire immatériellement, ils charment les yeux, ils contribuent à rendre la vie plus agréable.

Le mobilier cesse d'être un capital improductif, lorsqu'il fait partie de l'exploitation d'un hôtel. Dans ce cas les meubles font partie intégrante du capital productif des hôteliers, et des loueurs en général.

Que dire de ces toiles dont la valeur est si minime comparativement à celle qu'elles acquièrent lorsque le talent du peintre les a animées ? Quel effet extraordinaire ne produisent pas ces dispositions artistiques de couleurs, qui nous retracent les exploits de nos ancêtres, qui semblent dire à la génération présente : Vois ce qu'ont fait tes pères, fais mieux si tu peux, mais, au moins, ne rétrograde pas. Que tes actions ne viennent pas ternir l'éclat de leur valeur et de leurs vertus !

Quoique faisant partie des capitaux improductifs, les tableaux produisent immatériellement. Non-seulement ils charment la vue, ils servent d'ornement, mais ils produisent sur l'homme un certain plaisir indicible que l'amateur, le connaisseur de ces sublimes productions, seul, sait apprécier.

Les tableaux nous retracent les traits d'une mère, d'une épouse, d'un ami ; ils nous font assister, du coin de notre foyer, aux plus grandes batailles, ils permettent à l'homme, de se promener, sans sortir de son cabinet, dans les plus beaux sites du monde.

Quoique le mobilier soit généralement utile et jusqu'à un certain point indispensable, nous pensons que le salon de l'homme fortuné est mieux orné, et témoigne mieux du bon goût de son hôte, lorsque quelques belles toiles viennent en relever l'éclat, que lorsqu'il est orné d'une profusion inutile de meubles et de dorures.

CHAPITRE XIX.

De l'occupation des capitaux. — But de toute opération industrielle. — Utilité des compagnies d'Assurance. — Feux d'artifice. — Le Capital oisif. — Placement en tableaux d'un capital. — Accumulation des capitaux.

Toute opération industrielle de quelque nature qu'elle puisse être, s'accomplit dans l'espoir d'un bénéfice, cependant une infinité de circonstances peuvent renverser les combinaisons de l'industriel, les meilleures, les plus rationnelles; elles peuvent, non-seulement, neutraliser ses efforts productifs, mais les faire aboutir à un résultat inverse. Ou, en termes plus concis, toute affaire entreprise dans un but de gain peut, au lieu d'un bénéfice, ne rien donner du tout, ou occasionner, à celui qui l'a entreprise, une perte même considérable.

En labourant, en ensemençant ses terres, le cultivateur compte sur le bénéfice que donne une bonne récolte, mais si la grêle ravage ses épis, si le vent et la pluie, conspirant contre lui, viennent abattre ses tiges et inonder son champ, il perd tout à la fois le capital qu'il y a mis et le bénéfice qu'il espérait.

L'éleveur le mieux entendu, est exposé à voir l'épidémie ravager ses étables, décimer ses bœufs les plus gras, lui enlever, du même coup, une portion de son capital et le fruit de son industrie.

Le feu peut se déclarer dans les usines du manufacturier, réduire en cendres et dissiper en fumée sa fortune, fruit de ses longs travaux.

La tempête a bientôt détruit le navire de l'armateur et submergé la marchandise du commerçant. Les éléments n'ont ni pudeur ni égards, ils ne respectent ni le faible ni le fort. Le même vent indiscret, qui ne soulève qu'une gaze légère, peut devenir violent et renverser un moulin. La mer qui, gracieusement ondoyante, anime à peine la frêle gondole, peut devenir furieuse et engloutir un vaisseau de ligne. Mais du moins, l'industriel peut, par un léger sacrifice, parer à ces coups de la fortune. Les compagnies d'assurances sont créées dans ce but, et la prudence lui commande d'y avoir recours.

Une infinité de circonstances peuvent contrarier la production, imprimer à la fortune de l'entrepreneur au mouvement rétrograde. Mais parce qu'il s'agit de rechercher comment l'industrie produit, nous devons nous borner à signaler les coups du sort, sans en tenir compte. Nous n'admettons, dans nos raisonnements et dans nos exemples, que les chances heureuses.

Reprenons, avec Robinson notre opération, dont le résultat nous a été favorable.

Nous avons souvenance, qu'après notre première année d'exploitation, toutes choses remises dans leur état primitif, notre caisse se trouvait contenir un excédant de trois mille francs. Nous nous rappelons qu'après avoir soumis notre conscience à un scrupuleux examen, nous avons acquis la conviction que ce surcroit de richesse nous est loyalement échu; que cette même somme n'a été perdue par personne; que la possession nous en est venue par notre industrie; que cet argent est bien le nôtre et que nous avons le droit d'en disposer comme nous l'entendons.

Rien ne s'oppose à ce que, satisfaisant une de ces lubies, comme il en prend aux hommes, nous sacrifiions nos trois mille francs à divertir nos amis; personne ne viendra nous demander nos comptes. Nous pouvons, sans nuire à qui que ce soit, suspendre à nos fenêtres des guirlandes de lampions, allumer des feux de Bengale, rougir le ciel de nos fusées, nous divertir, en un mot, à la manière des artificiers. Mais quelles seront, pour nous, les conséquences de notre œuvre? Nos trois mille frans se seront dissipés en fumée. Notre fortune, qui, d'abord, avait fait un pas en avant, puis un pas en arrière, n'aura point changé. Voyons la chose sous un autre point de vue, et demandons-nous quel changement est survenu à la richesse nationale? Aucun. Notre industrie l'avait d'abord augmentée de trois mille francs, puis notre sottise l'a diminuée de pareille somme, il y a équilibre parfait. La richesse nationale n'a point varié.

En résumé, notre argent sera sorti de nos mains, il se trouvera éparpillé dans celles de nos fournisseurs d'huile et de chandelles romaines, qui n'en seront pas beaucoup plus riches, ils auront vendu une partie de leurs fonds de boutique, sur laquelle ils auront réalisé un certain bénéfice que nous estimerons par approximation à six cents francs. Les deux mille quatre cents francs restants, dissipés en fumée, subiront dans les airs les lois des propriétés naturelles, se condenseront, viendront gâter nos eaux pluviales, ou bien, iront noircir les Lapons, ou blanchir les Nègres.

Ce genre d'emploi n'est favorable ni à notre fortune, ni à la richesse sociale.

Si, au lieu de dissiper nos trois mille francs de la manière que nous venons de décrire, nous laissions dormir cette somme dans un compartiment de notre secrétaire, elle continuerait, à la vérité, de faire partie de notre fortune et de la richesse sociale, mais elle ne produirait rien, ni à nous, ni à la société. Mieux vaudrait-il, comme l'a dit La Fontaine, mettre sous clef une pierre et nous défaire de notre pécule, cette substitution nous permettrait au moins de dormir tranquilles, les promenades nocturnes d'un chat amoureux ne nous feraient pas crier : au voleur !

Le capital, laissé indéfiniment dans cette position, est improductif, il existe et n'est pas. Nous payons par une inquiétude continuelle la manie de la possession. Quant à la société, elle n'en éprouve ni trouble ni plaisir. La richesse enfouie est pour elle, comme les métaux précieux qui peuvent se trouver au centre de notre vieux podagre de monde.

Ce genre d'emploi n'est pas plus heureux que le premier.

Faisons mieux que cela. Achetons un cabinet de tableaux. Les peintres ne sont pas riches par ces temps de révolution ! Le marché sera facile. Le coup de feu de l'émeutier assassine non seulement le soldat que la loi arrache de la charrue, ou de l'enclume, le général que le feu de vingt champs de bataille a respecté ; mais il tue encore l'industriel et l'artiste ! Notre cabinet, orné de panneaux et de toiles, accusera une valeur réelle, nous aurons acquis le pouvoir de faire jouir, nos amis et nous, à toute heure du jour, d'un produit immatériel, dont la consommation nous recréera, nous disposera à mieux travailler. La société y gagnera au moins quelque chose et nous aussi. Et pour peu que nous sachions faire un choix d'œuvres, notre achat peut devenir lucratif ; mais pour cela, n'achetons que des productions de peintres vivants, ces œuvres acquerront plus de valeur, lorsque l'ame de l'artiste aura pris son élan vers le ciel.

Tout le monde connaît la ruse de David Teniers, qui, plein de vie, mais chargé de quelques dettes, et poursuivi par de grossiers et impitoyables créanciers, se fit passer pour mort, fut enterré en effigie et ressuscita aprés la vente de ses tableaux qui avaient doublé de prix. Cette ruse lui permit de mettre un terme à la visite des procureurs et des huissiers ; les marchands de tableaux qui, autrefois, avaient spéculé sur la position critique de Teniers furent pris à leur tour. Procéder eût été chose inutile, la loi ne prévoit pas le cas de résurrection du défunt.

Nous, qui avons fréquenté les marchands de tableaux, quels dialogues n'avons-nous pas entendus, en voici un échantillon :

— Eh bien, mon ami ! te voilà très-gai aujourd'hui.

— Oui, en effet, tu ne sais pas ? Je suis à la veille de gagner une grosse somme.

— Vraiment !

— Tu connais ce pauvre peintre qui a travaillé pour moi tout l'an passé ? Eh bien ! on le dit moribond, demain il n'existera plus !

— Je te félicite de tout mon cœur, je ne suis pas jaloux, tu me connais. — Mais comment tu nous quittes déjà ?

— Oui, je te laisse pour deux minutes, je suis mal à mon aise ; je suis inquiet. Je vais voir le médecin de mon peintre. Au revoir.

— Au revoir, mon ami, je fais des vœux pour ton bonheur.

Quelques moments après, notre marchand revint. Il était moins radieux, nous dirons même un peu triste. Son air maussade trahissait son dépit. Son camarade s'en aperçut et s'écria :

— Ah ! mon ami, qu'as-tu ? mâches-tu de la rhubarbe ?

— Non, mais je suis moins content que tantôt : Ce médecin que je crois mauvais, du reste, me désespère. Mon artiste, que je supposais éthique, n'a, me dit-il, qu'un gros rhume. Voilà ce que c'est que les médecins ! Ils cassent, le lendemain, leurs arrêts de la veille. Décidément ils ont perdu toute ma confiance.

— Ils n'ont jamais eu la mienne.

Pauvre Peintre ! au lieu qu'on te dise : fais de vieux jours, charme-nous longtemps ; sois pendant un siècle encore le soutien de la pauvre veuve et de l'orphelin ; l'exposition philantropique de tes sublimes productions donne du pain à l'indigence, cicatrise les plaies de la misère, le froid égoisme te dit : fais-moi quelques tableaux, donne, à moi seul, toute l'étendne de ton talent, puis ne te gênes plus, tu peux mourir !

Mais revenons à l'emploi de notre capital.

Le feu d'artifice ne nous divertira qu'un seul moment. Notre trésor enfermé, quoiqu'à double tour, sera, pour nous, un sujet de continuelle inquiétude. La moindre des choses, le bruit d'une petite souris en maraudage, nous éveillera en sursaut et nous condamnera à l'insomnie. Au contraire, nos trois mille francs convertis en tableaux seront, pour nous. une source intarissable de récréation, nous échapperons aux angoisses de l'inquiétude, et notre capital, ainsi placé, pourra se reproduire avantageusement.

Essayons cependant un autre genre de placemeut, peut-être sera-t-il plus productif. Les derniers essais sont souvent les meilleurs.

Robinson est un de ces hommes qui ne cessent de travailler que quand ils ont cessé de vivre : il est le *Napoléon* du défrichement. Sa pioche n'est pas restée inactive, il a à vendre quelques terres labourables qui touchent aux nôtres,

Allons voir notre ami Robinson, il est d'un commerce agréable, il est juste, loyal et large dans ses transactions, il n'a rien du petit escompteur. Appliquons notre premier bénéfice à une nouvelle acquisition de terres, ajoutons une succursale à notre métropole agricole et commençons une deuxième année d'exploitation.

Supposons que votre première année d'exploitation nous ait donné un bénéfice net de 10 pour cent, en admettant que nous entreprenions nos travaux avec le même succès que nous avons déjà obtenu, il est évident, que non seulement notre exploitation nous procurera, à la fin de la deuxième campagne un nouveau bénéfice de trois mille francs, mais encore un autre bénéfice supplémentaire qui dépassera trois cents francs, attendu que l'accroissement de notre exploitation n'aura pas donné lieu à une augmentation de dépense pour notre entretien personnel, lequel se trouve déjà déduit du montant de la production brute de notre exploitation principale. Ainsi, à l'expiration de la deuxième année, notre bénéfice dépassera trois mille trois cents francs, et si nous persévérons avec bonheur dans cette voie, la troisième année nous donnera plus de trois mille six cent trente francs, la quatrième plus de trois mille neuf cent quatre-vingt-treize francs, et ainsi de suite.

Nous avons vu au chapitre XVII comment les capitaux se consomment et se reproduisent; ce qui précède nous démontre comment ils se multiplient et s'accumulent.

Remarquons, que l'exploitation supplémentaire contribue à rendre plus productive l'exploitation principale, en ce sens, que cette première, supporte sa part dans l'entretien de l'entrepreneur et des surveillants; que son adjonction à la deuxième, permet l'application plus large, à l'industrie, des bénéfices résultant de la division du travail; que cette partie du capital productif fixe qui est représentée par les instruments aratoires, les chevaux de labour etc., ne s'accroît pas généralement dans le même rapport; c'est-à-dire, que si l'exploitation de dix hectares de terres exige un capital productif fixe représenté par A., celle d'une superficie double n'exigera pas un capital de deux A.

Ces considérations expliquent les avantages dont jouissent les grandes exploitations comparativement aux petites, et elles nous font comprendre que l'industriel en général, a un véritable intérêt à donner, à son entreprise, une importance compatible, toutefois, avec la possibilité de sa propre surveillance. Car n'oublions pas, que l'œil du maître engraisse le cheval.

Si, au lieu de simuler une exploitation agricole, nous prenions pour exemple une ramification quelconque de l'industrie manufacturière, ou de l'industrie commerciale, nous arriverions nécessairement à constater les mêmes phénomènes, avec cette différence, cependant, que la transformation et la reproduction des capitaux s'accompliraient dans un temps plus ou moins rapproché.

En agriculture, le capital productif roulant ne se reproduit assez généralement qu'une fois par année. Celui de l'industrie commerciale est, communément, sujet à plus de transformations, dans un temps donné. Le négociant-armateur qui charge son navire à Anvers, avec des manufactures en destination de Buenos-Ayres, qui, après avoir vendu son chargement, achète une cargaison de viande sechée en destination de la Havane, la réalise dans ce dernier port et charge son navire de sucre en destination de son port d'armement, aura, après la vente de cette dernière cargaison, fait subir, à son capital, six transformations, il l'aura réalisé trois fois dans l'intervalle d'une bonne année, temps exigé, en moyenne, pour l'accomplissement d'une opération liée, de ce genre.

Les transformations que subit le capital roulant, dans l'industrie manufacturière, sont généralement moins nombreuses que celles qu'il subit dans l'industrie commerciale, mais plus nombreuses que celles qui arrivent dans l'agriculture.

Il faut ordinairement au manufacturier neuf mois avant qu'il ait travaillé sa matière première, vendu ses produits et encaissé le montant de ses factures, de sorte que nous pouvons admettre que son capital roulant reparait, sous la forme d'argent, deux fois en une année et demie.

CHAPITRE XX.

Quelques considérations relatives à l'industrie en général.

Un produit n'arrive guère à cet état qu'exige la consommation de l'homme, qu'après avoir successivement passé par l'agriculture, par l'industrie manufacturière et par le commerce. Le vêtement de soie, de lin, de coton, de laine qui nous couvre, représente à nos yeux un produit brut que l'agriculteur a créé, que le manufacturier a travaillé et que le marchand est venu nous offrir. S'agit-il d'un aliment, nous trouvons qu'il se compose d'un produit agricole qui a subi une manipulation quelconque et qui, avant de figurer sur notre table, a passé par les mains du commerce; il n'est guère que la fleur ou le fruit que nous cueillons nous-mêmes qui nous représente un produit uniquement agricole, que nous consommions sans préparation aucune, et à la valeur duquel d'autres industries n'aient pas concouru d'une manière directe.

S'agit-il d'un autre genre de produit, d'un livre, par exemple, nous découvrons, sous le point de vue matériel, que le papier dont il est fait est un produit agricole et manufacturier, que cette matière colorée qui reproduit à nos yeux la pensée de l'auteur est composée de végétaux et de minéraux, que le fabricant d'encre a su convenablement mélanger, nous trouvons que l'assemblage de toutes ces matières premières est dû au commerce, et que, le plus souvent, c'est du commerçant, du libraire que nous tenons le livre.

En passant en revue les produits de l'industrie qui sont en notre possession, nous reconnaissons que nous les devons presque touts au concours de l'agriculture, de l'industrie manufacturière et du commerce.

L'industrie, prise dans son acception générale, peut être comparée à une armée composée de plusieurs armes différentes, agissant ensemble, se prêtant un mutuel appui, afin d'atteindre un but commun qui est la victoire. La victoire de l'industrie, c'est la production du bon, à bon marché, mieux elle réussit à atteindre ce but, plus son triomphe est complet. Plus elle parviendra à mettre le travail de la nature à la place de celui de l'homme, plus le genre humain sera heureux, et si, marchant de progrès en progrès, il lui était possible de produire sans frais, par le seul pouvoir de paroles cabalistiques, le monde entier ne serait plus qu'un vaste pays de cocagne.

Nous entendons déjà les retrogrades s'écrier : quel malheur si de pareilles choses arrivaient ! Que feraient nos pauvres ouvriers dans votre monde idéal ? A coup sûr ils mourraient de faim ; comme s'il était possible de mourir de faim dans un pays où cette excellente nature se prêterait à tout, où elle serait à la fois votre tailleur, votre cuisinier, votre valet de chambre. Du reste ne vous alarmez pas, les choses n'en viendront jamais à ce point, il y aura toujours des ouvriers ; mais cherchons à améliorer leur condition, et nous réussirons d'autant mieux, que nous parviendrons à faire travailler la nature au lieu de l'homme; favorisons, à cette fin, l'esprit de découverte, accordons aux productions de l'intelligence la même protection que la loi accorde aux produits matériels, et, lorsque la société, marchant d'un pas rassuré dans cette voie du véritable progrès, aura, une bonne fois, reconnu les droits sacrés de la propriété intellectuelle, lorsque les législateurs de tous les pays auront trouvé que le produit du travail, des veilles de l'ouvrier de la pensée, a droit à autant de protection que le produit du travail du fabricant de dragées, (et ce n'est pas là se montrer bien exigeant), il s'opérera des prodiges. Il sera possible alors qu'avant cinquante ans, des soleils artificiels vinssent détrôner ces antiques coqs, qui tournent au gré du vent sur la flèche de nos clochers.

Ah! dira-t-on, voilà du merveilleux! voilà ce que l'on ne verra jamais! Mais, si au commencement du dix-neuvième siècle quelqu'un eut dit : avant 1850, Londres et Paris ne seront plus à une journée de distance. Après avoir déjeûné dans la capitale de l'Angleterre, le voyageur diligent viendra souper dans la capitale de la France, le monde se serait écrié : Ah! voilà du merveilleux! voilà ce que l'on ne verra jamais!

Mais puisque le concours de quelques organisations d'élite a pu opérer des miracles, quoique les lois, en vigueur dans tous les pays, semblassent plutôt faites pour comprimer le génie inventif, que pour en faciliter le développement, que ne verrait-on pas si la législation prédisposait aux inventions ?

Nous avons trouvé quelque analogie entre une armée et l'industrie, et cela sous le point de vue de l'appui que doivent se prêter, dans leurs opérations, les parties constitutives de l'une et les parties constitutives de l'autre. Si un progrès survenu dans une arme quelconque, intéresse toute l'armée, nous sommes aussi fondés à dire, qu'un progrès survenu dans une des grandes subdivisions de l'industrie, intéresse l'industrie tout entière. Citons un exemple : Supposons qu'un procédé nouveau de fabrication permette au fabricant de drap de vendre ses produits à des prix réduits, tout en réalisant de plus gros bénéfices que par le passé, quelles seront les conséquences de ce progrès, quant à l'industrie en général ? Il est incontestable que la réduction des prix du drap en favorisera la consommation. L'industrie drapière prendra un nouvel essor, et sera mieux à même de recueillir les avantages résultant de l'application de la division du travail. Mais la matière première de cette industrie est un produit agricole, il faut de la laine pour faire du drap, l'agriculture trouvera donc son compte à ce progrès. Si nous tournons la question, si nous supposons qu'un progrès survenu dans l'agriculture, permette de produire à meilleur compte la matière première du fabricant de drap, il est évident que ce progrès intéresse, au plus haut degré, l'industrie manufacturière. Quant au commerce, la production à bon marché est toute de faveur; que cette production soit agricole ou manufacturière. D'un autre côté, la conquête d'un nouveau débouché constitue un véritable progrès commercial, dont les avantages rejaillissent, en grande partie, sur l'agriculture et l'industrie manufacturière.

Les trois subdivisions de l'industrie, doivent donc s'estimer, s'entr'aider, se prêter un appui mutuel; car, à bien voir la chose, elles sont solidaires les unes des autres, le lien même de l'intérêt devrait les unir, un bouclier commun devrait les protéger constamment.

Mais les choses se passent-elles ainsi ? Non. — L'intérêt mal compris en décide autrement. Dans nos comices agricoles, un encens égoïste brûle seul pour l'industrie des champs; dans les discours des comités agricoles, le plus souvent, pas un mot de fraternité pour l'industrie manufaturière et le commerce; dans les réunions de manufacturiers, pas un mot en l'honneur de l'agriculture et de l'industrie des mers; enfin dans les assemblées de négociants, le commerce semble, à lui seul, soutenir le monde. Mais réfléchissez donc cultivateurs, manufacturiers et commerçants, qu'ensemble, vous formez l'industrie, que vous ne ferez de grandes choses, que quand l'union cimentera vos relations : unissez-vous, écrasez avant tout, un ennemi commun qui est celui de la société entière, faites disparaître ce trafic déloyal, qui fraude et frélate, qui fait une concurrence incessante et acharnée au travail de ceux d'entre vous qui inscrivent sur leurs bannières : *Loyauté, honneur.*

Nous nous sommes rendu compte des conditions qui doivent être remplies pour qu'une industrie quelconque puisse subsister, et nous avons avancé que la concurrence du commerce honnête établit la véritable valeur du produit ; elle a même son côté favorable pour le producteur. En effet, dès qu'un produit devient cher la consommation en est restreinte. Si le fabricant de chocolat, que nous supposerons, pour un moment, à l'abri de toute concurrence, exigeait un bénéfice de cent pour cent, il est clair que la consommation de ce produit diminuerait ; ce breuvage aromatique cesserait d'être le principal aliment dans nos fêtes de famille ; les gens riches seuls se permettraient le chocolat, et la consommation en serait réduite, elle ne dépasserait guère celle du Lacrima-Christi. Le fabricant, au lieu d'en débiter vingt mille livres par an, n'en vendrait pas mille, et, tout en gagnant cent pour cent sur le produit vendu, il se trouverait, au bout de l'année, avoir un gain de la moitié de celui qu'il aurait fait, si, soumis aux lois de la concurrence honnête, il s'était contenté d'un bénéfice de dix pour cent.

Mais, ce qui est réellement pernicieux, c'est la concurrence déloyale que fait l'industrie qui fraude et frélate. Elle est debout et pleine de vie, malgré les coups que ne cesse de lui porter M. Jobard. Ayons recours à un exemple, il fera voir combien cette lèpre sociale arrête la véritable production, comment elle se joue de la société tout entière.

Supposons que M. Juste soit fabricant de chocolat. Nous lui attribuerons toutes les qualités qui caractérisent un bon industriel, il possède des capitaux, il est économe, il a une parfaite connaissance de toutes les matières premières qu'il emploie; de plus, il est intelligent; mais il a une idée fixe, il existe chez lui une conviction inébranlable : le chocolat, pour M. Juste, n'est autre chose qu'un mélange convenable de cacao, de sucre, de vanille et de quelques essences bienfaisantes. Toutes ces matières, sans falsification aucune, convenablement broyées et mélangées, réduites en pâte homogène et puis en tablettes, forment le produit de son industrie.

Supposons un autre individu M. Friponneau ayant également patente de fabricant de chocolat. Il possède moins de qualités industrielles, il a moins de capitaux que son concurrent, il est plus dépensier et moins actif que M. Juste; mais tout ce qui a une couleur brunâtre, qui est dissoluble, qui forme tablette, et qui a un goût prédominant de sucre et de vanille, peut, à son avis, passer pour du chocolat. Dans sa fabrication, le suif remplace avantageusement une essence quelconque; en saupoudrant sa pâte avec du blanc de céruse, ses tablettes ont plus de poids, elles ont même une teinte argentée qui attire l'œil de l'acheteur. M. Friponneau sait parfaitement que le blanc de céruse n'est pas de nature à transmettre de grands bienfaits à l'estomac de sa pratique; mais cette petite ruse (qui, aux yeux de M. Juste, constituerait un véritable empoisonnement) rapporte cinq mille francs par an; rien n'est plus cher à M. Friponneau, que la santé publique, mais il sait se soumettre aux lois de la charité bien ordonnée.

Laissons ces deux industriels exploiter, et revenons, après un laps de dix ans, nous enquérir de la position sociale de chacun d'eux.

Ah! dites-vous, je comprends. Le public aura su apprécier la loyauté de l'un, et découvrir les turpitudes de l'autre; nous trouverons le consciencieux et probe M. Juste, à la tête d'une modeste fortune, se reposant sur les lauriers, entouré de la considération publique, vivant honorablement de ses petites rentes. Quant à M. Friponneau, la société se sera vengée, nous le trouverons probablement expiant une condamnation de la cour d'assises, en vertu d'un verdict qui l'aura déclaré coupable d'empoisonnement.

Eh bien! vous vous trompez. M. Juste est toujours fabricant de chocolat, toujours courageux, plein d'honneur et de probité, mais gagnant à peine le nécessaire; le public le trouve brave homme, et voilà tout. Quant à M. Friponneau, il s'est retiré des affaires, il a cédé son fonds, il passe son temps à couper ses coupons de rente et à visiter ses propriétés, son équipage éclabousse ses anciens confrères, il ne les connaît plus, il professe le plus grand mépris pour tout ce qui sent l'épicier. Aux yeux du monde, M. Friponneau est un homme entendu et adroit, ce même public qu'il a si bien exploité, ne lui porte point rancune, il le salue au contraire aussi gracieusement que possible.

Il n'y a rien d'exagéré dans les lignes qui précèdent. Ce sont-là de ces chosesque nous voyons tous les jours, et peut-il en être autrement? Le public, et l'honnête industriel ne seront-ils pas toujours dupes, aussi longtemps que la législation ne viendra pas opposer sa digue de fer à cet océan d'écume qui finirait par tout engloutir. N'est-il pas temps, enfin de réglementer l'industrie, aussi bien dans l'intérêt de l'honnête travailleur, que dans celui de la société en général? Le moment n'est-il pas venu d'écouter ceux qui, partisans des véritables progrès, ont, jusqu'à présent, prêché dans le désert?

Nous avons décrit dans un cadre resserré et d'une manière très-imparfaite, sans doute, le mécanisme de la création des richesses par l'industrie et les arts. Le présent ouvrage, malgré son imperfection, rendra plus intelligible, nous nous en flattons, un autre livre que nous publierons dans quelque temps, qui aura trait à la politique industrielle et commerciale, et aux circonstances favorables ou défavorables à la production.

FIN.

www.ingramcontent.com/pod-product-compliance
Ingram Content Group UK Ltd.
Pitfield, Milton Keynes, MK11 3LW, UK
UKHW022031170726
13837UKWH00002B/523

9 782329 305509